1

2

❸

4

❺

POSITUS
SCA MARIA
SCS IOHANES
TAURUM IMITATOR
CEPHEUS
ANDROMEDA

6

❼

❽

図説　金枝篇（上）

J・G・フレーザー
M・ダグラス 監修／S・マコーマック 編集
吉岡晶子 訳

講談社学術文庫

The Illustrated GOLDEN BOUGH
by
Sir James George Frazer
General Editor: Mary Douglas
Abridged and Illustrated by Sabine MacCormack

目次

図説　金枝篇（上）

下巻目次

口絵キャプション

❶人間の姿で現れる神

チベットでは、仏陀の生まれ変わりダライ・ラマが死ぬと、僧侶たちは若い後継者を探す。その後継者は人知を超えた知力によって、前任者に霊感を与えたのと同じ天与の霊の持ち主であることを証明する。

チベットで聖なる火の儀式をとり行う若きダライ・ラマ。グラナダ・テレビ制作『失われゆく世界』。

❷感染呪術

接触によって伝達されるので、ある人間の本質はその体の一部を通して伝わるとする。北米先住部族はみなそうだが、ミナター族も敵の力をその頭皮から得られると信じていた。

ミナター族の戦勝頭皮踊り。マキシミリアン・プリンス・オブ・ウィード『北米の旅』より、ボドマーの挿画（一八四〇年ころ、ロンドン、大英博物館所蔵）。

❸神話の背後の現実

ギリシア神話のアンドロメダは海の怪物のいけにえにされるが、これはその昔、植物の生長を願って水の精霊に女をいけにえとして捧げる慣習があったことを示している。この神話が生まれたことは、人間がこの慣習をやめようと考えたことを表している。なぜなら、神話ではアンドロメダは人間の恋人ペルセウスによって救出されるからだ。

イタリアの画家ティツィアーノ『ペルセウスとアンドロメダ』（ロンドン、ウォレス・コレクション

所蔵）。写真＝ジョン・フリーマン

❹神と人間の女性との結婚
古代インドのクリシュナ神と人間の恋人、羊飼の娘ラーダー。この二人の関係は、一方では、生命の再生を左右する男女両性の理想的な関係を示しており、他方では神との霊的な交わりを示している。「主よ、人間の姿をなさったあなたの行為の目的を誰も知りません。あなたには好き嫌いがあると人間はまちがって考えていますが、あなたはそのようなことはありません」（スリ・クリシュナへの祈り）。

十九世紀、インドのカリガート市場の絵（ロンドン、ヴィクトリア・アンド・アルバート博物館所蔵）。

❺宇宙を司る神の理法
ヒンドゥー教の神ヴィシュヌの宇宙体系。ヴィシュヌは万物を包み込む神として、英雄アルジュナの前に姿を現し、人間および宇宙の邪悪と戦う力を授ける。この絵はアルジュナの目に映ったヴィシュヌ像を表している。一八〇〇年ころ、ラージャスタンの西で発見された絵（ダーラム、ガルベンキアン東洋美術館所蔵）。

❻宇宙の要としての王
十一世紀、ドイツ皇帝ハインリヒ二世の帝衣（細部）。太陽と月と星座が描かれている。この帝衣をまとう者は回転する天空の中心に立つことになる。大聖堂の秘蔵品（バンベルク、司教区美術館所蔵）。

❼霊魂の危難

危難と力はともに同じものから発する。人が髪の毛を失うと命が危険に晒されることがあるが、逆に、髪の毛を切って力を得ることもある。

仏陀がひと房の髪を切ろうとしている。王侯の地位を捨てて苦行僧になるときにそうするのである。十八世紀のチベットの寺院の掛け幕（パリ、ギメ博物館所蔵）。写真＝国立博物館

❽霊魂の危難：水に映った姿としての霊魂

古代ギリシア人は、水に映った自分の姿を見る夢を見ると、死の前兆とみなした。水の霊によって霊魂を肉体から引き出されてしまうと考えていたからだ。この考え方を反映しているのが、泉に映った自分の姿に恋焦がれて死んでしまう美青年ナルキッソスの神話である。

イタリアの画家カラヴァッジョの描いたナルキッソス（ローマ、プラッツォ・バルベリーニ家所蔵）。写真＝スカラ

図説　金枝篇（上）

メアリー・ダグラスの序文

死者の霊とか人身御供《ひとみごくう》といったものは、現代文化ではとりたてて重大な問題とはならない。悪魔崇拝や人食いの風習（カニバリズム）も同様である。今日、血塗られた偶像が登場するとすれば、SF映画やホラー映画くらいなものだ。そうしたおどろおどろしい物語の結末では、何が祭司やその狂信的な信者を残虐な行為に走らせたのか、まったく説明されない。せいぜい、幻想的な雰囲気を醸し出し、この世で魔力が自在に動きまわっていることをほのめかすか、あるいは――もっと平凡な描き方としては――そうした残虐な行為に走った人々に危険な狂信者というレッテルを貼るくらいである。だが、今では娯楽映画の主題となってしまったこのテーマも、百年前には、知的な関心を呼び、学者たちがそれをめぐって真剣に考えたのである。

人間のものの考え方のはじまりこそ、十九世紀の思想家たちが最も関心を寄せた問題であった。人間の祖先は、ある時期に、動物とは違う道を歩きはじめたにちがいない。自意識をもつようになり、しだいに動物としての衣を脱ぎ捨てていったにちがいない。そして、自然世界を理解しようとしたことが、獣のような残虐な行為や無知な誤解となって表れたのであろう。未開人たちの慣習は、古代のものの考え方を知る手がかりになり、探検家や商人や宣教師たちの報告が、一見途方もない信仰について次々と新しい情報をもたらしてくれた。無意味でばかげてみえるものに意味を見出すことが、十九世紀の学者の大きな関心の的であった。競って謎解きをする世界各地の人類学者たちに人々の注目が集まった。その謎は、さながら現代の自然科学者がほかの惑星の生物について明らかにしようとしている謎に劣らぬほど、胸をわくわくさせるものに思えたはずである。

ジェームズ・フレーザーはこの謎解き競争で勝利を収めたといってもよい。それは、『金枝篇』の最後の巻をもって、この競争は終わったと宣言できるほど、完璧な勝利であった。フレーザーが終生、名声をほしいままにしていたことこそ、彼がこの競争であまたのライバルを打ち破ったことを物語っている。彼のために、一九〇七年に世界ではじめて大学に社会人類学の講座が創設された。そしてフレーザーは、一九一四年にはナイト爵に叙され、一九二〇年には英国学士院の会員となり、さらに一九二五年にはメリット勲章を授与された。イギリスや外国の多くの大学が名誉博士号を贈った。生前は高い名声を得ながら、その後は忘れ去られてしまう学者もいるが、ジェームズ・フレーザーはそうではない。確かに、ほとんどの人類学者がなんらかの点でフレーザーの見解に異を唱えはしても、彼を批判することが沽券《こけん》に関わるとか、時間の浪費だと考えるほど、偉ぶった人物はまずいない。それほどフレーザーは無視できない存在だった。フレーザーはしばしば批判されてきたが、その批判者たちの名前は今では黙殺されている。これはとりもなおさず、フレーザーの業績が今なお意義あるものだという証拠といえよう。『金枝篇』十三巻は巨大な金字塔である。この膨大な研究はどのように進められてきたのか？　それは現在どれほどの価値があるのか？　現在のわれわれの関心事とどのように関わるのか？

十三巻に及ぶ『金枝篇』がどのようにして生み出されてきたのかとか、その優れている点や弱点をうんぬんする前に、フレーザーの経歴に目を向けるべきだろう。十九世紀を代表する思索家としての面を、そして、その優雅な文体をフレーザーの著書やその人となりから知るべきである。

フレーザーは一八五四年に生まれた。父親は毎日、聖書の一節を家族に読んできかせたが、何もとやかくいわずに聖書を閉じるのが常だった。聖書を読むのは敬虔な儀式だったのだ。この子どものころの体験から、フレーザーは生涯、宗教心にたいする尊敬の念を忘れることがなかったが、宗教的な直観には著しく欠けたままであったと推察される。聖書に記されている不思議な物語が彼の若々しい想像力をかきたてたのはまちがいない。アブラハムがわが子をいけにえにして刃を突き刺そうとし、次々と奇跡が起こった。全世界を懲らしめる洪水が襲い、燃えさかる炉で幼児は傷ひとつ負わず、紅海が真っ二つに割れた。神は常に神秘的な存在として人々の前に現れ、ときには残酷な姿をみせて、危険なふるまいや淫《みだ》らなふるまいに人々を誘った。

一八七八年、フレーザーはケンブリッジ大学を卒業した。大学では古典学を修め、異国の宗教について、さらに書物から知識を得たのである。ギリシア・ローマの伝説を読むと、その深遠な道徳の教えや心を奪われる幻想の世界が、彼のいう宗教の詩にたいする畏敬の念をかきたてた。だが、その一方で、破廉恥で好色なギリシアの神々が、嫉妬にかられたり恨みを抱いて、お互いに追いかけあったり、人間の若者や娘を追い求める物語にも惹きつけられた。その神々は人間によく似てはいるが、似て非なる存在であった。神々の意図や生涯は、論理的でなく連関性に欠けるのが特徴である。神話に秘められた残虐で不合理な面は、一八七〇年から一九一〇年ころの学者たちにとっては大きな謎の一つだった。

『金枝篇』は神秘の調べにのって幕をあける。イタリアの聖なる森、一本の樹木のまわりをうろつく祭司、引き抜かれた剣、その祭司はディアナの神殿に仕え、後継者によって殺される運命にあるという神話、その樹木はオークで、祭司はヤドリギの一枝を守っており、女神ディアナの配偶者である人間ではないかという推論――このような神話の起源を解明するために、こんなあやふやな証拠をもとに書き上げた十三巻もの労作が必要だったとは、実に驚くべきことである。それではなぜフレーザーはこの神話にこれほどまでに重きをおいたのか？「金枝」とは、ネミの湖の近くにあるディアナの神殿を描いたローマの詩人オウィディウスの詩（『祭事暦』第六巻、七五六ページ）の一行につけられた冗漫な脚注で触れられているにすぎないとまでいわれてきたのだ。それならば、なぜフレーザーはその一行にだけ注目したのか？　なぜ繰り返しこの神話に立ち戻って考えたのか？

私の考えでは、ネミの祭司も、ヤドリギの枝さえも、フレーザーに『金枝篇』を書かせたそもそもの動機あるいは第一の目的ではなく、巧みな語り部が操る手品の小箱の仕掛けなのだと思う。この本の冒頭と最後を飾るディアナの祭司と北欧神話の神バルデル（バルドル）は、ヘンリー・ジェームズのいう「操り糸」なのだ。この神話の構造がすっかり明らかにされる前に、読者がその構造を感じとれるように、物語をしっかりつなぎあわせるための必要な糸なのである。

『金枝篇』については、一つひとつの事例のあいだにごく薄弱な関連しかないのに、次々と事例を積み重ねてしまい、全体の構造が頭でっかちになりすぎて、そもそもの着想がその陰に隠れて見えなくなってしまっているという批判がよく投げかけられる。現在、フレーザーは珍奇な事例を一貫性もなく寄せ集めただけの老いさらばえた収集家にすぎないと退けられる傾向にある。実際、晩年にはそうした見方をされていたようだ。フレーザーのよき友E・O・ジェームズ教授ですらこういっている。「この本を書き進めるうちに、彼のそもそものテーマをつなぐ細い糸が、版を重ねるごとにその重さに耐えかねて切れそうになっていった」（『英国伝記事典』）。しかし、この一貫性がないという見方は的はずれである。一つの考えをとことん追究した学者がいるとすれば、フレーザーこそその人であった。彼は殺される神というテーマからけっしてはずれることはなかった。改めて編集し直した本書は、詳細をきわめる膨大な記述から、この中心論点を解きほぐして編纂したものである。十三巻の本を巧みにてごろな一巻本にまとめたマコーマック博士は、フレーザーがその論点からはずれたことは一度もないと、はっきりいっている。フレーザーの名だたる文体を損なうことなく、『金枝篇』のもつ意味と関心の対象を明確に示しているという点で、博士の編纂したこの抄本は確かな成功を収めている、と私は思う。こうした簡潔な形に原書をまとめるために行われた編集上の決断とそのまとめ方については、本書四十二ページの「編集ノート」を一読していただきたい。

フレーザーはその学説の概要を三段階に分けて発表している。第一段階は一八八八年に『ブリタニカ百科事典』に書いたトーテム崇拝とタブーに関する論文である。それによると、当時もその後も彼に強い影響を与えたのは、友人のウィリアム・ロバートソン・スミスとのことだ。ロバートソン・スミスは、一八八九年に出版され、高く評価された『セム族の宗教』の著者として知られる東洋学者である。フレーザーが学者として最初に目指したのは、この友人がユダヤ民族について行ったのと同じことを、ギリシア・ローマ神話について行うことだったたと思われる。

ロバートソン・スミスは生涯、敬虔な揺るぎなきキリスト教徒であった。彼は、聖書の記述の歴史的背景を厳密に詳しく調べ、そうすることで聖書を科学者たちの建設的とはいえない批判から擁護するのを、学者としての使命と考えていた。知識人たちから攻撃されてぐらついている聖書を守るために、聖書に書かれている崇高で合理的な記述だけを取り上げ、原始的で不合理だと思える記述は捨て去るというのが、ロバートソン・スミスのやり方だった。ロバートソン・スミスやフレーザーがそもそも著作を発表するようになったのは、ダーウィンの『種の起源』が出版されてから二十年ないし五十年後のことだった。『種の起源』は聖書の記述を文字どおりに信じる根本主義者の聖書解釈を揺るがすものだった。人間は聖書に書かれているように神によって創られたのか、それとも猿から進化したのか？　ロバートソン・スミスはこの聖書批判に独創的な反論を返した。ユダヤの宗教の歴史もまた進化してきたことを示したのである。すなわち、ユダヤの宗教は正義と慈愛が常に底流にあり、発展する力をもち、存続するエネルギーにあふれていた一方で、野蛮な一面がしだいに淘汰されていったというのだ。ロバートソン・スミスがいうには、呪術は邪悪な悪魔という曖昧な存在にたいする崇拝と結びついていたのであり、ユダヤ人社会の神と結びついていたのではなかった。ユダヤの宗教では、やがて呪術に取って代わって唯一神を崇拝するようになり、血塗られたいけにえを供えていたのに代わって、卑しい心を懺悔するようになり、神を表す動物を殺していたのが、わが身を捧げて崇拝するという信仰に変わっていったという。

フレーザーの生涯の研究テーマである殺される神という考え方の核心は、『ブリタニカ百科事典』に書いたトーテム崇拝に関する最初の論文に表れている。そのなかで彼は模倣儀式における死と復活の真似事について記し、トーテム崇拝の儀式は神が民のために死ぬという犠牲的行為にほかならないと指摘している。

第二段階は、一八九〇年に発表した『金枝篇』の第一版である(「わが友W・R・スミスに捧ぐ」と献辞されている)。その序文でフレーザーは、本書の中核をなしているのは殺される神という考え方で、それはもともとロバートソン・スミスの説だと述べている。運命に操られるネミの祭司と北欧神話の死にゆく神バルデルはここではじめて登場する。この本の狙いは、ガリアからプロイセン、スカンジナビアにいたる地域のオークの森でアーリア民族の原始的な崇拝から生まれ、ネミの聖なる森においてもほぼその本来の形で存続していた宗教的なものの考え方には、そもそも一貫性があったことを明らかにすることにあった。「『森の王』はアーリア民族の最高神の化身として生きて死んだのであり、その命はヤドリギあるいは『金枝』に宿っていた」というのである。古代の宗教はすべて、祭司たる神とその崇拝者の密接な霊的交わりのうえに成り立っていたのだ。

殺される神こそ『金枝篇』の核心をなすテーマだというフレーザーの言葉は、文字どおりに受けとるべきであろう。ロバートソン・スミスとともにフレーザーも、儀式としていけにえを――そのいけにえが動物や人間であろうと、人々のためにわが身を捧げて殺される神自身であろうと――殺すことを批判し、そうした慣習を容認する方向にあと戻りすることなく進んできた社会の進化を信じていた。『金枝篇』の意欲的な試みは、キリスト教の犠牲を求める教義を、托身、処女降誕、復活といった教義とともに、トーテム崇拝と同列にみなし、また、ギリシアのパンテオン神殿の猥雑な装飾模様や、古代ヘブライ人の祭壇で焼かれたり血を流したいけにえに通じるものだとすることにある。だが、どんな所説でも一面的で不完全なものだとみなされるものであり、さらに完全で説得力のある深い洞察力をもった見方が登場した。そうした近代的な見方は、宗教のもつ意味が現世的なものから優れて精神的なものへとスムーズに進化してきたことを示している。一八九〇年代の合理主義の風潮のなかでは、そうした見方を進めてもさほど問題があるとは思えなかったであろう。それにたいして、根本主義の独断的な教理にこだわる者たちは異論を唱えたかもしれない。だが、啓蒙された学者たちにとっては、『金枝篇』の続巻につながるこの第一版は、世界じゅうで宗教がより純粋な精神的意味をもつ方向に向かっていることのさらなる証拠を提示するものだったのではないだろうか。

だが、一八九〇年から一九一〇年にかけての第三段階において、フレーザーは呪術的なものの考え方がどのように作用し、それが近代の心理学にどのように組み込まれていったかについて、新しい見解を展開した。フレーザーの説によると、人間のものの考え方は、基本的には初期の段階は呪術的で、次いで宗教的になり、それから科学的になるという。家を建てたり、鹿を捕らえたり、子どもを産むことについては、未開人の呪術的なものの考え方にもそれなりに十分な理由づけがあったことを認めたうえで、フレーザーは、近代科学の恩恵に浴さない未開人は共感呪術に訴えることでそうした行為を支えていたという。すべての呪術が共感の原理に基づいて行われているというのが一般的な見方だった。だが、フレーザーは共感といっても、身体的な共感と見た目の類似による共感と二種類あると区別した。身体的な共感というのは、かつて同体だったものはその後切り離されても互いの身の上に及ぼしあう相互作用の力は変わらないとする考え方であった。たとえば、友人同士が互いの血をすりあうと、その後、相手のことが直接感じとれるようになって、相手に危険が迫ったのがわかるだろうと考えたのである。相手が襲われると、自分も元気がなくなったり死んだりすることもある。これとはまったく違うのがもう一つの共感である。たとえば、黄金はよい黄色で、黄疸は悪い黄色だとすると、黄疸の治療に黄金を用いて、悪い種類の黄色をやっつけるというものだ。フレーザーは、感染と類似というこの二つの考え方を、未開人のものの考え方に強力な影響力をもつものとみなした。

未開人のものの考え方を記した文献には、こうした共感が繰り返し登場する。そこでフレーザーはそれを類似と感染（あるいは接触）に分けて整理することで、観念連想という当時の心理学と結びつけ、自分の研究テーマに取り入れたのである。

今日でも、連想という考え方は心理学や哲学でいっぷう変わった位置を占めている。それは人間の心に生じる自分では抑制できない無意識のエネルギー、心理分析によって理由づけすることで徐々に抑え教化できるエネルギーとして扱われる傾向がある。そもそも類似を認識するには多大の分析力を要するということは、ようやく認められはじめたところだ。われわれわれはみな誤った観念連想に左右されやすい。そこから抜け出すのに、われわれは科学的なものの考え方でそれを断ち切ろうとする。だが、フレーザーは、未開人の心が意味もなく誤った連想のなすがままになっていたとは考えなかった。われわれの祖先のもっぱらの関心事だった一つの偏った考えを明らかにすることに専心した。われわれの祖先は、自然の一部としての人間について長年にわたりじっくり考え、あらゆる自然に命のある霊魂が宿っているとみなし、驚異の念を抱いた。それが罪の意識や叶えられない希望と結びつき、あらゆる宗教の原形、神の化身が人々を罪から救うために死に、やがて復活するという信仰を生んだのである。

ここで、今日『金枝篇』に向けられているいくつかの批判について触れておきたい。近代の主な批判は、第一に、フレーザーの未開人の知性にたいする見方が我慢ならないほど傲慢だということであり、第二に、深遠な問題の扱い方が皮相だということである。確かに、フレーザーはいわゆる「未開人」をまったくの無知扱いしている。今日、未開人の知性についてこんなふうに書けば、人種差別だと糾弾されるだろう。だが、フレーザーはけっしていわゆるふつうの差別主義者ではなかった。彼は『金枝篇』に書いた人々や場所を一度も訪れたことはなく、彼のあげた例証は先人の書き残したものから得たものが多く、それはロンドン、スコットランド、アイルランド、フランス、あるいはドイツだけでなく、もっと遠くの土地にも及んでいる。また、確かに、フレーザーの扱い方は死と神に関する厳粛な見解を取るに足らないものにしている。神も悪鬼もいっしょくたに同じ方法で分析する傾向があった。だが、一九四一年まで生きていたからというだけで、フレーザーを二十世紀の研究者と扱うのがそもそもまちがっているのだ。彼が扱っているのは近代の問題ではない。フレーザーの考えは一九一〇年までに形成されていて、それを支持する者は彼の若き日の同時代の研究者たちに限られていた。フレーザーは、自分の研究は過ぎ去り終わってしまった先史時代のものを扱っているのだとみなしていた。フレーザーをよく知るE・O・ジェームズ教授はこういっている。「人間の愚行と苦しみの痛ましく長い歴史が、この大部の著書の読者の前に繰り広げられてきて、今まさにその幕をおろそうとしている。フレーザーの心を惹きつけたのは、自分が探究している世界の、彼の目にはまったく徒労にみえるものであった」。フレーザーの見方が皮相で傲慢だという批判がもっともかどうかを考えるには、彼がどのような時代に生きていたのかを正しく理解しなければならない。

フレーザーと同時代の研究者たちは確かに、教条的な宗教や迷信の時代は終わろうとしていると考えていた。皮相で傲慢だという批判は、フレーザーをそうした時代背景から引き離して、ただいたずらに嚙みついているにすぎない。未開人の知性にたいするフレーザーの見方は、彼と同時代の非常に博識で尊敬されていた研究者たちの一部に比べれば、断然、高邁であった。そうした研究者の一人は、人間性というのは一時的に狂気の段階をへるものだと本気で考え、その考えにまちがいはないと結論した。ドイツ生まれのイギリスの有名な言語学者マックス・ミューラーは、人類最初の祖先は言葉による表現に苦労していたと考えようとした。ごくわずかな時制しか使わず、抽象概念を表現できなかったというのだ。そう考えれば当然、事象にちなんでつけた個々の名称と個々の名称のもとになった事象とのあいだの、意味の転移にひどく混乱したにちがいない。一つひとつの単語が個々の名称を意味し、文法的な性をもっと仮定すれば、太陽を「輝けるもの」といった男性の単語で表し、夜明けを「燃えるもの」という女性の単語で表すことで、夜が明けると太陽が昇るというのは、男が女を追いかけるという意味合いを帯びてしまう。ミューラーも、当時のほかの学者と同じく、気高く分別のある神々をめぐる物語を理解するのはたやすいと考えていたが、「愚かで無分別で野蛮な要素」を理解するには、未開人の精神は混乱していたとする説を引き合いに出すしかなかったのだ。自然の事物を表す言葉の意味を取り違えて神話を説明してしまうと、すべての神話はもともと自然界の神話として生まれたのだということになってしまう。「赤頭巾ちゃん」の物語も、その赤いマントと若さを夜明け、おばあさんを黄昏《たそがれ》、おばあさんを黒い口にぱっくり呑み込んでしまう大きな狼を夜とみなすと、自然界の神話ともみえる。この神話では、きこりが赤頭巾ちゃんで表される夜明けを救って、太陽がふたたび昇り、めでたしめでたしというわけだ。

フレーザーは、こうした言葉の意味を取り違えたうえに成り立つ考え方をはなから軽蔑していた。それから百年たち、われわれはフレーザーの時代の人々よりも知識があるので、人類がはじめて言葉で表現したときのことについて、あまりにも乱暴な推論をするような真似はしないが、心惹かれる研究テーマなのは確かだ。

フレーザー自身の考え方は、皮相どころか、神話学者たちの見解に比べればはるかに傾聴に値する。人類の祖先が最初に言葉で表現した神話について、フレーザーは彼らの稚拙な表現に責任を押しかぶせて謎のままに捨ておかず、彼らも自分と同じ時代に生きるキリスト教徒と変わらぬテーマを追究していたのだと考えている。だからこそ、汚れなき女神ディアナをただちに聖母マリアとして語り、キリスト教の神学の視点で、殺される神々を描き、神々に人間の姿を与えようとしているのだ。幼いころに受けた教育と、ほかの人の宗教を尊重する気持ちから、フレーザーはキリスト教徒に不快な思いをさせまいと気遣いをみせている。フレーザーにはキリスト教徒を軽蔑したり当惑させる気はない。だが、キリスト教の教義を科学の攻撃から擁護しようともしていない。彼にしてみれば、今後の理解を助ける鍵は科学にあり、宗教や呪術にあるのではないのだ。フレーザーのこの考え方に同意する者は多いだろう。科学には進歩があり、次々と起こる変化を証明してくれるが、宗教ではほんとうの真実が古びた真実にみえてしまう。そこで、フレーザーは消えなんとする古代のものの考え方にふたたび光をあて、守ろうとたゆまぬ努力をしているのである。

そうはいっても、見方が皮相だという責めをフレーザーは免れることができない。彼は好んで生と死、人間と動物、神と永遠の命に関する考察を扱った。オーストリア生まれのイギリスの哲学者ルドヴィッヒ・ヴィトゲンシュタインはこう批判する。「フレーザー自身の精神の狭量さがうかがえるではないか。そのために、彼の時代のイギリスの生活様式とは異なる暮らし方が彼にはとうてい理解できないのだ！」（「フレーザーの『金枝篇』に関する考察」、『ザ・ヒューマン・ワールド』一九七一年五月号）。これは一つには文体の問題である。機知に富んだ文章では、フレーザーの考え方がうまく表現されて、よく伝わってくるが、まじめくさった調子を帯びると、いささか尊大になり、真意が正しく伝わらない。まるでほかの人の宗教を嘲笑するのはたやすいと承知のうえで、無礼になるまいとねこなで声を出しているかのようだ。

皮相という点では現代の人類学者もフレーザーと大差ない。現代の人類学者といえど、いかに気をつけていても、その商売道具である人類学を外国の宗教体系にあてはめてしまうものであり、フレーザーに向けられたのと同じ批判を完全に免れることはできない。最も現代的な分析方法でも必ずや拙劣なところがあり、それによって明らかにされることはごく一部であって、最終的な見解は未熟で、往々にして冷笑的なものになりかねない。現代の人類学者とフレーザーの本質的な違いは、現代の人類学者が象徴的な体系を研究の対象にしているのにたいして、フレーザーは意識的な象徴化をあまり重視せずに、自然界の現実について未開人たちが無意識のうちにおかした誤解に焦点をあてている点である。ヴィトゲンシュタインがフレーザーについて述べている言葉を引用してみよう。「数多くの似たような例証から、アフリカの雨の王について取り上げたい。雨季がくると、人々はこの雨の王に雨乞いをするという。だが、雨季がくると、という但し書きがある以上、人々は実際には雨の王がほんとうに雨を降らせることができるとは考えていないわけだ。そうでなければ、大地が『乾ききって荒れた砂漠』になる乾季にこそ、雨乞いをするはずである。なぜなら、かつて人々が愚かさからこの雨の王という役目をつくったのだと仮定しても、雨季が三月に始まることを彼らが経験から知っていたのは明らかで、そうなると、雨の王の役目は雨の降らない季節に雨乞いをすることにあったといえるからだ。あるいはまた、朝、太陽が昇るころになると、人々は一日を迎える儀式を行うというが、夜にはそうした儀式を行わない。明かりをともすだけでよいからだ」。たとえそうした儀式が自動的に呪術としての効力をもつわけではないことに気づいていたとしても、フレーザーの全体的な論調は、未開人独特のものの考え方を明らかにすることにあるのだ。

フレーザーが取り上げた問題にたいして現代の研究者は、人間の行動の象徴的な面である祭りの儀式にもっぱら焦点をあてて、何が象徴的で、何が実用的なのかをあまり区別しようとしない。だが、そうした区別は思ったよりもはるかに難しい仕事なのだ。人類学者は、民族の文化こそ、そのなかにすべての解釈が内包されている完璧な体系であるかのように、それを研究のホームグラウンドにする。ボルネオの文化からペルーの文化あるいは古代ローマの文化へと一足とびに跳んでしまっては、まともな答えは期待できない。まずなすべきことは、遠い昔の未開人ではなく、自分たちと同じ人々の文化の体系を合理的な行動様式として理解することだ。悪魔や神、魔女、祝福したり呪ったりする神秘的な力にたいするさまざまな信仰は、それらが利用される状況がわかれば、なるほどと思えるものだ。フレーザー流の問題提起の仕方と比べて、最大の変化は、そうした信仰がいずれも積極的に取り入れられていることを前提としている点である。そうした信仰はいわば教会の日曜学校で行われるような瞑想から生まれたというのがフレーザーの立場だったようだが、今日では、そのときの活気あふれる社会生活のなかで実用的に利用されているものとして扱う風潮にある。だから、もし王に雨を降らせる力があると考えられていて、王が人々のために果たす最大の役目が雨乞いだとすれば、政治的関心は雨がなかなか降らないときに集中する。雨が降らないのは王の怒りの表れなのか。代々の王が治めていた王国に誰かが叛旗をひるがえしたからなのか。もしそうなら、その悪事を白日のもとに晒し、告白させて償わせなければならない。そうすれば、王は怒りを鎮めて、雨雲を呼んでくれるだろう。こうして王位争いに特別な政治的関心が向けられる。雨を降らせる力をもたない王が王位に就き、その力をもつ正統な王を追放してしまったので、日照りが続くのだと考えたとしたら、どうなるか。そのときは、偽の王の正体をあばき、正統な後継者が王位に就くべきである。このように、雨乞いの呪術にたいする考え方が政治的に大きく利用され、政治的な正統性をいってみれば天候で判断しているのだ。われわれは現在、呪術をこのように解釈する傾向にある。この雨の王の例は、どこまでが冷笑の対象となり、どこまでが異文化の豊かに織りなす信仰をおとしめる対象になるかを示している。理解することが以前よりずっと難しくなってしまっている。人類学者は、全体を理解しようとせずに、断片を切りとり、その断片を解釈するための厳密な手段を求めがちだ。もっぱら手段や方法にだけ目を向け、それとともに、そもそもほかの文化を理解できるのかと、自己不信に等しいほど卑下してしまう。そうなると、フレーザーと同時代の学者たちがあれほど熱心に関心を寄せた大きな問題が、いっときわきに追いやられてしまう。

彼らは、人間が人間にたいしてひどく残忍にふるまうのは過去のことだと本気で考えていた。人間のいけにえとか儀式としてのカニバリズムといった慣習をおぞましく感じ、血を吸う亡霊の存在や、酒を飲んで騒ぎ、残虐行為に寛大な神々が住む天界を信じている者がいるということに驚きあきれていた。一八九〇年代にも人間が人間にたいして残虐にふるまう行為はたくさんあったが、当時の学者は過保護ともいえる環境で暮らしていたので、人間の進歩に希望を抱くことができた。当時のエリート知識人は、われわれが思いも及ばないほど、現実から目隠しされ保護されていたのだ。大学の教師ですら学生と面と向かって論争することはなかった。フレーザー自身も、リバプール大学の社会人類学教授の地位に就くや、すぐさまケンブリッジのトリニティ・カレッジで一日十二時間、研究して過ごすほうが都合がよいと知った。それでもリバプール大学の教授をやめるべきだとは思わなかったのである。

われわれの意識も変わってきた。二度の世界大戦が、人間のいたわりにたいするわれわれの自信を揺るがしてしまったのだ。二度の大戦以上に低劣な社会状態が、自分も残虐な行為に走る可能性があり、自分のまわりで起きている残虐行為が見えなくなっているという自覚を促す。都市ゲリラ戦、爆弾の爆発、公然たるテロが横行するなかで暮らしていると、人間の愚行の物語が幕を閉じたとはとても信じられない。ここにフレーザーの時代と現代の違いがある。今フレーザーを批判する者は、『金枝篇』の著者を批判するのではなく、むしろ彼によって代表される時代、およそ百年前の時代そのものを批判しているのである。これがとりもなおさず『金枝篇』を読む理由なのだ。われわれは高みから当時をふり返ってみていると思っていても、はたして当時より高いところに立っているのかどうか疑わしい。われわれには今の文明の一翼を担っているという自負と傲慢さがある。たとえば、無知で頭の鈍い者は呪術を信じがちだというフレーザーの記述にショックを受ける人もいる。だが、そのことにたじろいでいては、現代科学が何ものをもかなわぬほど優れていると信じて疑わない人たちにははっきり伝わらないだろう。これから百年もたたないうちに、われわれ自身の姿勢はフレーザーと同じように思い上がりとみなされるだろう。そのころには、人々は科学には無知だが、夢のもつ意味に精通していたり、動物と話をすることができたり、自分の考えや肉体を、今日の科学では理解できないようなやり方でコントロールできるかもしれないのである。

J・G・フレーザーによる一九一一年版への序文

私の研究の第一部を今ここに増補第三版で刊行することになったが、この研究の構想をそもそも思いついたとき、その意図は、ネミの祭司職または聖なる王権にまつわる不思議な掟について説明し、あわせて、古代の人々が祭司職の継承と関係があると考え、ウェルギリウスによって永遠の存在となった「金枝」の伝説について説明することにあったにすぎない。そのヒントとなったのは、かつて南インドの王に課されていた同じような掟であった。そこで、当初は小論文で十分に説明できると考えていた。だが、やがて、一つの問題を解決しようとすると、さらに多くの問題が生じることに気がついた。視界がどんどん広がっていったのである。こうして私は、先人たちがほとんど手をつけていない、未開の人々のものの考え方という広大な分野に、一歩また一歩と誘われていったのだ。その結果、本書はしだいに膨れ上がり、当初考えていた小論文が、実際には膨大な研究論文となってしまったわけである。というより、そもそものテーマと細い糸でつながれたゆるやかな関連をもつ一連の論文集といったほうがよいかもしれない。版を重ねるごとに、新たな資料が加わって、この論文集は長大なものになり、しまいにはそれをつなぐ糸があまりの重さに切れそうになってしまったほどだ。そこで、ある好意的な意見を取り入れて、膨大になりすぎた本書を論文の内容によっていくつかに分冊し、別々に出版することにした。全篇の第一部をなす本巻は、「呪術」の原理と「聖なる王」の成り立ちに関する基本研究を扱っている。近いうちに出す予定の次の巻では、聖なる王または祭司たる王に特に適用される「タブー」の原理について論じる。残る巻では主として「死にゆく神」をめぐる神話と儀式を扱うが、これは内容が豊かな大きなテーマなので、便宜上、数部に分けるつもりだ。そのうちエジプトと西アジアにおける古代の死にゆく神を扱ったものは、すでに『アドニス、アッティス、オシリス』という題名で出版されている。

しかし、私は本書を、互いに関連はあるが別個のさまざまな主題に関する論文集としての体裁をとって発表しようと考えたが、その一方で、なるべく全体の統一も図った。そこで、本来の書名はそのままにしたうえで、それぞれの主題を扱うときに、この研究の端緒となったそもそもの問題に関する私の結論との関わりに言及することにしたのである。このような形で本来のテーマを示すことには、明らかに不利な面もあるが、それを補って余りある利点もあると私には思われた。願わくは本質的な内容を損なわずに、学術論文につきものの味けない形式を捨てることで、資料をもっと芸術的な形で表現しようと考えた。そうすることで、事実をもっと厳密に論理的かつ系統的に並べるだけの学術論文には反発を感じてきたような読者も惹きつけられるのではないかと思ったのである。そこで、私はネミの神秘的な祭司を、いわば一幅の絵の前景に据えて、同じく神秘的だが地味な人物群をその背景に配した。といっても、これらの人物を脇役とみなしているからではなく、そうすれば、ネミの祭司を囲むイタリアの森の絵のような自然の舞台、その祭司がまとう神秘性、ウェルギリウスが語る詩篇につきまとう魔力、これらすべてがあいまって、かの「金枝」を手折《たお》る悲劇の人物に、暗い画面の中心人物としていかにもふさわしい妖しい光彩を投げかけてくれるからにほかならない。だが、こうして本書でネミの祭司をくっきりと浮き彫りにしたからといって、その背景の暗がりに立つほかの人物と比べてネミの祭司が歴史的に重要な存在だったと、読者に過大評価させてしまうことはないと信じている。また、そのことで、ネミの祭司が果たしていた役割に関する私の説に、必要以上の説得力をもたせてしまうこともないだろう。たとえこの古代イタリアの祭司が、神を装ってきた人間たちの長い歴史から結局は抹殺されるかもしれないとしても、それだけで私が確かに提示した実証、すなわち、神を装う人間はこれまで考えられてきた以上にはるかに一般的な存在であり、またそれを軽々しく崇拝してきた人々もはるかに多かったという実証が著しく価値を失うことにはなるまい。また同様に、このネミの祭司職に関する私の説がたとえことごとく崩れたとしても――私は自分の説の基盤がいかに脆弱かをよく承知している――原始的宗教と社会の進化に関する私の全般的な結論が揺らぐことはけっしてあるまい。まったく別個の十分に信頼できると立証された膨大な事実に基づく結論だからである。

ドイツ哲学に通暁《つうぎょう》する友人たちの指摘によると、呪術と宗教および歴史的にみたそれらの相互関係に関する私の見解は、ある程度だがヘーゲルの学説と一致しているそうだ。これはあくまでも偶然の一致であり、私には思いもよらぬことだった。私はこれまでヘーゲルの著作を研究したこともなく、その説に注目したこともないのだ。しかしながら、まったく別の道をたどっても、なお同じような結論に到達したとなれば、この部分的な符合は、その結論の正当性を示す一つの証左とみてもよいのではないだろうか。

本書で概説した聖なる王の歴史に関して、本文中でも指摘したことをここで繰り返しておきたい。多くの共同社会において、聖なる王はもともとは呪術師だったと考えられる理由を私は示したが、それが普遍的な真実だとはけっして思っていない。君主制を生み出した要因は、それぞれの国によって、時代によって大きく異なる。私にはそれらすべてについて論じる自信はない。私のこの研究に直接関わる要因ということで、一つの特定の要因を選んだにすぎない。その要因を特に強調したのは、政治制度の起源を研究する学者たちがその要因を見過ごしてしまっていると思ったからだ。彼らは確かに近代の標準からすれば理性的で、その主張は傾聴に値するものだが、人類の過去の歴史が形成されていくときに迷信がもたらした甚大な影響については、十分に評価しているとはいえない。そうはいっても、この特定の要因の重要性を強調するあまりに、それと同程度あるいはそれ以上に影響を与えたほかの要因をなおざりにするつもりも私にはない。仮説をどこまでも拡大しすぎる危険、首尾一貫しないさまざまな細かい事項を一つの狭い公式にあてはめてしまう危険、非常に複雑な、いや、それどころか想像もつかないほど複雑な自然と歴史を、一見まぎらわしくも単純にみえる理論でひとくくりにしてしまう危険は、誰よりも私自身がいちばんよく知っている。このことでは私はこれまで何度となく誤りを繰り返してきているのだ。少なくとも私は、こうした誤りの危険性に十分気づいていたし、その危険から自分自身と読者を守る努力を重ねてきた。本書を著すにあたって、こうした意図やその他みずからに課した意図が、どのくらい実現できているかは、読者の公平な判断に待たなければならない。

編者まえがき

サビーヌ・マコーマック

ローマの近くにネミという村があった。その村には、古代ローマの時代より、森と動物の女神、豊穣の女神ディアナと、ディアナの夫ウィルビウスを祀った神殿があった。この神殿では、男は誰でもその祭司になり、「森の王」の称号を得られるというしきたりがあった。ただし、祭司になるには、男はまず神殿の森の聖なる樹から一本の枝――「金枝」――を手《た》折《お》り、それで時の祭司を殺さなければならなかった。こうしてこの神殿の祭司職が継承されてきたのである。祭司になるのに、なぜ時の祭司を殺さなければならないのか？　なぜまず聖なる樹の枝を手折らなければならないのか？　この二つの疑問にたいする答えを求めるのが本書『金枝篇』の目的である。

いずれもそう単純に答えの出る疑問ではない。そこで、フレーザーはこのネミの慣習に類似する例を集め、比較検討している。古今東西、似たようなしきたりが存在した事実を示すことで、古代の人々の心の働きを理解し、そのうえでネミの祭司職継承の掟を明らかにできるのではないかと考えていたからである。フレーザーは類似例を集めるにあたって、全体的な類似点を求めるのではなく、ネミの慣習を細かく分類し、それぞれについて順次吟味・検討している。その細部の一つの例証からは問題の一つの側面だけでなく、別の側面も解き明かせるかもしれないのである。

『金枝篇』全体を通して、フレーザーの関心は、原始的なものの考え方がどのような形で世界を支配・統制しようとしているかという点に注がれている。フレーザーによれば、因果関係――一つの事柄が別の事柄に影響を及ぼすこと――の問題を明らかにする鍵は二種類の関連性にあるという。一つは類似性、すなわち、原因はその結果と類似しているという意味での関連性である。たとえば、相手に害を与えたいと願う者は、呪う相手の姿に模した人形に害を加え、それが相手にはね返って害を与えることを期待する。もう一つは連続性、すなわち、かつては一緒で、のちに別々になった二つのものは引き続き互いに影響を及ぼしあうという意味での関連性である。この場合は、相手の姿に模した人形ではなく、むしろ相手の個人的な持ち物に害を加える。

この二つの関連性はまさに『金枝篇』そのものの構造にもあてはまる。フレーザーは例証を選ぶとき、ネミの祭司職と、ほかの文化やほかの時代にみられる類似する例（すなわち、儀式に則《のっと》ったり、別の形で殺された聖なる人物）および連続する例（たとえば、ネミにおける女神の本質、祭祀の場にまつわる神話、宗教的な儀式）との関連を判断基準にして選んでいるからである。したがって、フレーザーの選んだ例証とその解釈の仕方のあいだ、つまり彼の実践と理論のあいだにはきわめて密接な関係があるといえる。

編集ノート

一八八九年十一月、出版業者のジョージ・マクミランは、冒頭に一八八九年十一月八日、ケンブリッジ、トリニティ・カレッジと記された次のような手紙を受けとった。

拝　啓

原始宗教の歴史に関する研究がまもなく完成しますので、出版していただけないでしょうか。この本は、ローマの文法家セルウィウスがウェルギリウスの詩の評註に書いたあの「金枝」伝説を解明するものです。セルウィウスによると、「金枝」はアリチアのディアナの聖なる森にある一本の樹木に生えていて、その森の祭司職は、首尾よくその「金枝」を手折《たお》ってから、時の祭司を一騎打ちで殺した者が継承することになっていました。比較研究により私は、この祭司がその森の神ウィルビウスの化身で、その死は神の死とみなされていたのではないかと考えます。そこで起きる疑問は、神聖とみなす人間や動物を殺す慣習が広くみられるが、それはどのような意味をもっているのかということです。私はこの慣習の実例を数多く集めたうえで、この本において新たな解釈を示しています。……これはほんの概論でしかなく、この本は、その理論がどう思われるかはともかく、きわめて奇妙な慣習をたくさん集めたもので、その多くは人類学の専門家にも目新しいものだと思います。未開人の慣習やものの考え方の多くは、キリスト教の基本的な教理と驚くほど似通っています。しかし、私はその類似について論及するつもりはなく、それは読者一人ひとりが自分なりの結論を出せばよいと考えています。

この手紙は、さらに続けて条件を記して——原稿がまだ完成しておらず、まして出版してもらえるかどうかもわかっていない著者はまずそんなことはしないのだが——この本の「口絵にはターナーの描いた『金枝』を銅版画にしたものか複写印刷したもの」を使用し、「表紙にはヤドリギすなわち金枝の絵を金色で印刷してほしい」と書き、「ジェームズ・G・フレーザー」と署名してあった。

マクミラン社の出版顧問ジョン・モーリーもジョージ・マクミラン自身もおおいに興味を示し、その原稿はただちに採用された。このときからフレーザーとマクミラン家は仕事の面でも個人的にも良好な関係を長く続けることになった。

初版は一八九〇年五月に二巻本で出版されたが、その後二十五年にわたって著者の意図がまれにみるほど一貫していることに、誰しも感服せざるをえない。四十六年後、フレーザーはこの十二巻に及ぶ著作にたいする『補遺《アフターマス》』を出したが、そのときもまだ、自分の著作の底に流れる基本的な考え方と結論はまったく変わっていないと確信していた。フランスでデュルケーム学派の『社会学年報』が出たり、イングランドで構造機能主義を唱える研究が行われていたが、フレーザーは自分の解釈にも、比較研究という方法論への傾倒にもなんら疑念を抱かなかったのである。

フレーザーは最初から比較研究という方法で壮大な研究書を著そうと思っていたのではないか。『金枝篇』の第一版はその前座くらいのつもりだったのではないか。だからこそ、一八九〇年に第一版の二巻本が売りきれると、一九〇〇年に三巻本の第二版が出版されたのだ。この第二版の序文で、フレーザーはこの主題でさらに本を著すつもりだと暗に述べ、「その見取り図を私みずから描いた」と書いている。『初期王権史』（一九〇五年）に関する講演でも、さらに続刊すると改めてはっきりと約束している。その翌年、『アドニス、アッティス、オシリス』（一九〇六年）の一巻本が出版され、続いて一九〇七年にはその改訂版が出された。これは本質的には、『金枝篇』の第一版および第二版から三つの章を抜粋して、内容を大きく膨らませたものであった。そして、一九〇六年から一九一五年にかけて、決定版ともなる第三版が十二巻本として出版された。

『金枝篇』の成り立ちを理解するには、人類学者としてのみならず古典学者としてのフレーザーの研究を念頭に入れておくとよい。彼はもともとケンブリッジ大学で古典を学んだので、『金枝篇』と彼の古典学への貢献のあいだには密接な関連がある。古典学への貢献で彼が果たしたとりわけ重要な役割は、ギリシアの歴史家パウサニアスの著作（『ギリシア案内記』十巻）を翻訳し註解をつけたこと（一八九八年）と、ローマの詩人オウィディウスの『祭事暦』を編集したこと（一九二九年）である。特に、オウィディウスはネミの祭司職にまつわる慣習を記録したギリシア・ローマ時代の著者の一人で、この慣習が『金枝篇』の出発点となっている。

フレーザーが繰り返し言明しているように、『金枝篇』は未開人の宗教や迷信に関する一般的な論文ではなく、ネミの祭司職をめぐる掟の研究を目指したものであった。確かに、それを出発点に、初期の王権を考察し、さらにもっと普遍的に、未開社会における人間と自然の関係について考察している。しかし、『金枝篇』の第一版に示されている本来の主題は、続く二つの版でも基本的には変わっていない。唯一重要な追加といえるのは、第二版で神殺しに関する章のあとにサトゥルナリア祭に関する章を加えたことである。

冒頭のマクミランへの手紙からもわかるように、フレーザーはともすると自分の業績を迷信に基づく慣習の単なる集成とみて（彼の批判者の多くも同じ見方をしているが）、これからの人類学者が折にふれて研究資料として利用してくれるのではないかと考える傾向があった。彼が一九三六年までの長きにわたって次から次へと実例を追加しつづけたのも、一つには彼のそうした傾向によるものであった。だが、『金枝篇』には単なる迷信に基づく慣習の集成にとどまらぬ価値がある。これがきわめて優れた文学作品であることも、その業績の一つといえよう。フレーザーは、この分野の専門家である人類学者や民族学者ばかりではなく、関心をもった人なら誰でも理解できるようにしたいと思い、第三版では文体におおいに苦心を払っている。

一九三六年に『補遺』と題する補足版を著し、『金枝篇』の主題を明確にし、詳しく説明するさらなる資料を提示した。この『補遺』は、『金枝篇』の理論体系やそこに集められた数々の実例を批判した者たちへの間接的な回答でもあった。この著書でフレーザーは集約民族誌学という新しい方法論から生まれた資料を取り上げ、その序文で自分の立場を次のように述べている。

……ほかの著作でもそうだったが、私は十分に信頼に足る事実を広範かつ堅固な基礎として、厳密な帰納法によって結論を導き出そうと努めてきた。この本では、上部構造をなす理論体系を改変することなく——全体として変える理由がなかったので——その基礎を広げ補強した。しかし、これまでと同じく今回も、私は自説にこだわることなく、新たな証拠があれば、それに照らしてその理論体系を修正したり放棄するにやぶさかではない。私が死んだあとも私の著作が生き残るとしたら……それは熱帯地方から南極や北極にいたるまで世界各地の未開の人々の、今はもう失われてしまった生活を描いた一幅の絵またはパノラマとして生きつづけるであろう。

『補遺』を含めて十三巻に及ぶ『金枝篇』は五版を重ねた。一九二二年には、広汎な関心に応え、出版社からの要請もあって、フレーザーは一巻にまとめた簡約本を出した。『金枝篇』は各地できわめて重要な名著と認められてはいたが、この簡約本の出版によって、広く読まれるようになった。簡約本はたちまちベストセラーとなり、最初から読者に強い印象を与え、その後もそれは変わらず、英語圏の諸国で一般の人々に広く知られるようになったのである。フレーザーの当初の目的は、完本をもっと広く読んでもらうための資料にでもなればということにあったのだが、要約する過程で、原本のもっていた理論的な明快さも文体の優美さもいささか薄れてしまった。そのため、この簡約本は便利ではあるが、『金枝篇』は迷信に基づく慣習の集成にすぎないとする根拠の薄弱なあまたの批判に晒される結果となってしまったのである。

本書も第三版をもとにしているが、『補遺』も含めており、言葉づかいは原本にほぼ忠実である。ごくまれに、前後を一貫させるために若干変えたところもあるが、それとてほんの三、四言である。しかし、記述の取捨選択の基本方針はフレーザー自身の簡約本とは大幅に異なる。

十三巻本となると語数はおよそ百三十万語に達しており、その大部分が比較研究法の例証に費やされている——つまり、ネミの祭司職継承の掟にまつわるさまざまな面について、もっぱらほかの文化や時代からの実例をあげているのである。本書では、フレーザーの簡約本とは違って、実例のバランスを変えて、フレーザーの学説とそれを裏づけるために彼が引用している証拠がほぼ同じ割合になるように構成し直している。例証については、世界のさまざまな地域、さまざまな時代における同じような慣習を示した挿絵を並べることで、フレーザーの比較研究法をできるだけ反映させるようにしてある。本文で扱いきれなかったテーマや文章をときには挿絵で示したり、完本の本文を参考にしたその説明文に示してある。また挿絵の一部はフレーザーの脚注を参考に、フレーザー自身が思い描いたと思われる視覚的イメージを示すようなものを選んだ。本書には、『金枝篇』と直接関連のない挿絵は一枚もない。したがってその説明文は、編者の独自のスタンスから書いたものというよりは、フレーザーらしい言葉づかいの表現を心がけている。

『金枝篇』を本書のように要約し、挿絵をつける作業は、さまざまなテーマを追いながら一貫性をもつ本なので、そう簡単な仕事ではなかった。私はこの本の豊かな内容を損なわないように努める一方で、本文と七部のそれぞれにつけた序文とによって読者がフレーザーのものの考え方についていけるように導いたつもりである。それはかなりの難業であった。なにしろフレーザーの例証の多くが彼の説のさまざまな部分と何重にも関連しているからだ。そのため、ある説を取り上げるにはほかのいくつかの説を犠牲にしなければならなかったり、簡潔かつ平明を心がけると細部をいくつか省略せざるをえないことが往々にしてあった。その結果、古代ギリシア・ローマの宗教に関する分野を大幅にカットし、古代エジプトに関する記述のほとんどを、おおむね例証的なものとして削除してしまった。第三版の第四部「アドニス、アッティス、オシリス」は本書では「アドニス」とし、これに関連するテーマを扱った章は、古代イタリアの宗教に関する章とともに割愛した。だが、こうした大きな省略や、本文におけるそのほかの小さな省略（特に、火と古代の暦を扱った部分の省略）を別とすれば、本書はある一点に関しては系統的に短縮してある。つまり、フレーザーは農業社会に主な関心を寄せてはいたものの、狩猟社会や牧畜社会も扱おうともくろんでいた。だが、後者の二つの社会については、それがなくてもフレーザーの説は成り立つので、その説明の大部分を省略してしまったのである。そのため、第三版第五部の「穀物および野生動物の霊」は「穀物霊」とした。これによって、ネミの祭司職にまつわる掟と未開人の心の働きというフレーザーの主テーマがはっきりと浮き彫りになるのではないかと願っている。とはいえ、『金枝篇』は難解な著作であり、その難解なところを無視したり軽視したりする省略はフレーザーの意図に沿うものではないことを忘れてはならない。本書の本文や挿絵にうっかり判断の誤りがないなどと思うほど厚かましくはないが、この簡約本によって『金枝篇』の業績を高く評価してくれる読者が少しでもいれば、本書の目的は果たされるといえよう。

サビーヌ・マコーマック

第一部　呪術と王の成り立ち

魔術師や呪術師が仲間の人間を助けたり、守ったりする並はずれた力をもつのは、あらゆる目に見えない霊と交信したり、戦ったりできるからである。そうした力は行動と属性の両方で表される。たとえば、この16世紀のフロリダのまじない師は、鳥のつもりで飛び立とうとしている姿として描かれている。ド・ブリ『アメリカ』（1590年、オックスフォード大学、ボドリアン図書館所蔵）。

まず、フレーザーはネミの祭司職がどのようにして決まるかについて説明し、さらに呪術について説く。呪術は、「王はなぜ死ななければならなかったか（〝死にゆく神〟）」という疑問に答える鍵になる。だが、呪術はまた、「森の王」がその生涯に果たす役割を解明する手がかりともなる。それは、呪術が自然を支配する手段であり、したがって王であるためには欠かせない能力だからだ。フレーザーは呪術には二つのタイプがあるという。模倣（または類感）呪術と感染（または接触）呪術である。模倣呪術というのは、たとえば雨降りを真似る雨乞いの儀式を行って実際に雨を降らせる呪術をいう。感染呪術というのは、たとえば恋する男が相手の女性の切りとった髪の毛を手に入れ、それに呪文をかけて、その女性の愛を獲得する呪術である。

次いで、フレーザーはネミにおいて森がどのような意味をもっていたのかを探る。特に、祭司になるには、その森のある樹の枝を手折《たお》らなければならないとされていたので、その樹がどのような意味をもつのかを明らかにしようとする。そして、多くの社会で樹木には豊穣の力が宿るとされており、古代ヨーロッパではオークがその意味で最も重要な樹木とされていたことを知る。したがって、豊穣の女神ディアナが森の神殿に祀られていたのは当然であり、ディアナの聖なる樹はオークであったと考えられる。神殿でディアナとともに祀られているウィルビウスは、ネミでは、オークの神、天空の神ユピテルの化身であり、ユピテルが人間の姿をとった「森の王」なのである。

第一章　森の王

静かなる鏡のごとき湖が眠れる
アリチアの森
その薄暗き木陰で
森を治むる祭司
殺さんと企てし者を殺し
いずれみずからも殺されん
マコーレー

ディアナとウィルビウス

ターナーが描いた『金枝』という有名な絵がある。ネミの森にある小さな湖、いにしえの人々が「ディアナの鏡」と呼んだ湖を、ターナーが想像して描いた黄金の光あふれる夢幻的な絵である。ターナーの神を讃える心がしみわたり、このうえなく美しい自然の風景を神々しいまでに輝かせている。アルバンの丘の緑の窪地にある静寂に包まれたその湖は、目にした者の脳裏に焼きつく。湖のほとりのまどろんだような二つのいかにもイタリアらしい村も、湖岸まで急な斜面につくられた段庭のある、やはりいかにもイタリアらしい宮殿も、この湖の風景の静寂なたたずまいを損なうことはない。ディアナは今なおこのひっそりとした湖畔を去りがたく、この森に潜んでいるのではないだろうか。

丘の上のネミの村が見下ろす切り立った絶壁の下、この樹木生い茂る森は、その昔、森の女神ディアナの聖所として有名であり、ラティウムの各地から巡礼がやってくる憩いの地であった。「ディアナ・ネモレンシス（森のディアナ）」の聖なる森として知られていた。この森と湖は、最寄りの町の名をとって、アリチアの湖、アリチアの森とも呼ばれていた。最寄りといっても、この町（今日のアリッチア）はアルバン丘陵の麓《ふもと》にあり、湖とのあいだには急な坂道が三マイルにわたって続いていた。広々とした段丘にディアナの聖所があり、その北側と東側は、丘の斜面に切れ込むように立って支えている大きな擁壁《ようへき》で守られていた。その擁壁の前には円柱が並び、奥の擁壁に穿《うが》たれた一連の半円形の窪みは礼拝所となっていた。この礼拝所は、近世になって、豊かな収穫を願って供物を捧げる祭壇となった。段丘の湖側は、幅七百フィート、高さ三十フィートの巨大な擁壁で支えられ、その擁壁は、流水を砕くために前面を尖らせた橋脚に似た三角形の扶壁《ふへき》で補強されていた。現在、この段丘は湖から数百ヤード離れたところにあるが、かつては扶壁が湖水に洗われていたのかもしれない。広々とした聖なる段丘に比べると、神殿そのものはそれほど大きくはなかった。しかし、その遺跡から明らかなように、ローマ近辺で採れる凝灰岩《ペペリノ》の大きなブロックを隙間なくしっかりと積み上げて造り、同じく凝灰岩のドーリス様式の柱で飾ってあった。大理石製の精巧な軒蛇腹《コーニス》とテラコッタ製の装飾壁《フリーズ》が、神殿の建物の壮麗な外観をつくり出していた。一面に張られた金色に輝くタイルがその壮麗な外観をいっそう引きたたせていたにちがいない。

ディアナの小像がここでたくさん発見された。森の女神にふさわしく、狩猟用の丈の短い服チュニックと半長靴バスキンをつけ、矢筒を肩から吊り下げている。片手に弓をもった像や猟犬を従えた像もある。この聖所では、青銅製や鉄製の槍、牡鹿や牝鹿の像も発見されているが、これらは首尾よく獲物を仕留めた狩人が狩猟の女神に捧げた貢ぎ物だったのかもしれない。同じくネミで発掘された青銅製の三叉槍も、湖で魚を捕った漁師か、森でイノシシを獲った猟師が捧げたものと思われる。イタリアで野生のイノシシの狩猟が紀元一世紀末にまだ行われていたのは、ローマの文人、小プリニウスの著作からも明らかである。彼が網を仕掛けたそばに腰をおろして、例のごとく気取った態度で――そこがまた魅力でもあるのだが――読書と思索にふけっていると、三頭の見事なイノシシがその網にかかったと書いている。また、それから千四百年ほどのちのこと、イノシシ猟はローマ法王レオ十世お気に入りの気晴らしだった。ネミの聖所で発見され、ディアナの神殿を飾っていたと思われるテラコ

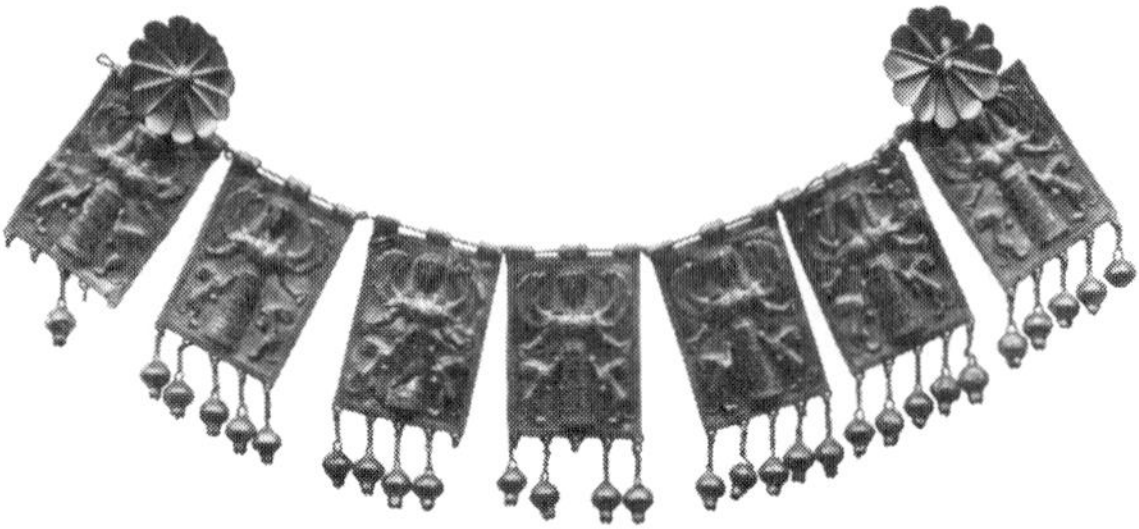

動物の女王　ライオンを従えた翼をもつ女神にたいする崇拝は、有史時代の初めに近東からイタリアへ伝わった。ギリシアとローマでは、この古代の野生動物の女神は、狩人の守護神ディアナとして崇拝されるようになった。
（上）ライオンを従えたディアナを描いた黄金の首飾り。ロードス島から出土した紀元前８世紀のもの（ロンドン、大英博物館所蔵）。
（下左）ネミのディアナ神殿跡から発掘されたテラコッタの装飾壁（ノッティンガム、キャッスル博物館所蔵）。写真：G・H・ウォリス
（下右）ローマ皇帝トラヤヌスが狩りのあとディアナにいけにえを捧げている。ローマのコンスタンティヌス門の円形浮き彫り。写真：アンダーソン

ッタ製の彩色をほどこした浮き彫りの装飾壁には、腰から翼が生え、両肩にそれぞれライオンが前足を掛けた、いわゆるアジアのアルテミスと呼ばれる特徴を備えた女神が描かれている。この遺跡からは牝牛、牡牛、馬、豚などの稚拙な像も数体、発掘されたが、これらはディアナが森の野生動物だけでなく家畜の守護神としても崇められていたことを示しているといえよう。

ローマ衰亡のころまでネミで行われていた慣習は、われわれをたちどころに文明社会から未開の社会へ誘ってくれる。かつてネミの聖なる森にある一本の樹が茂っていた。そのまわりを不吉な人影が、昼間はもとより、おそらく夜遅くまで徘徊しているのが見られただろう。手には抜き身の剣をもち、今にも敵に襲われるのではないかといった様子で、あたりを油断なくうかがっている。彼は祭司であった。また、殺人者でもあった。いま彼が警戒している相手は、遅かれ早かれ彼を殺し、彼に取って代わって祭司の職に就くはずであった。それがこの聖所の掟だったのである。祭司になりたければ、現在の祭司を殺さなければならない。前任者を殺して、祭司の職に就いた者も、いずれは自分より強い者や狡猾な者に殺される運命にある。この不安定な地位に就いているあいだは、王の称号も与えられる。だが、これほど明日をも知れない運命にあり、これほど悪夢にさいなまれる王の地位は、いまだかつてなかったにちがいない。ゆく年くる年、夏も冬も、晴天の日も荒天の日も、彼はたったひとりで警戒しつづけなければならず、ほんのしばしの寝苦しいまどろみも、たちどころに命取りになる。

この祭司職にまつわる奇妙な掟は、古代ギリシア・ローマにその類似例がないので、なぜこのような掟があったのか、その理由を古代ギリシア・ローマの資料に求めることはできない。迂遠な方法でも別の資料に当たるべきである。こうした慣習が未開時代の匂いを失わずに帝政時代まで残り、当時の洗練されたイタリア社会では、きれいに刈り込まれた芝生に突き出した太古の岩のように、ぽつんと目立つ違和感のある存在であったことは、おそらく誰も否定できないだろう。まさに素朴で野蛮な慣習だからこそ、それがなぜ残ってきたのか、その理由を解明できるのではないだろうか。人類の初期の歴史に関する近年の研究から明らかなように、人間の心が生み出した最初の素朴な生命観は、表面的にはさまざまに異なってみえようとも、本質的な類似性をもっている。したがって、たとえばネミの祭司職にまつわる慣習のような未開の慣習がほかにも存在したことを明らかにできれば、また、どのような動機からそうしたしきたりが生まれたのかを明らかにできれば、さらにまた、それらの動機が人間社会で広く、おそらく普遍的に働き、さまざまな状況のもとで大同小異のしきたりをつくり出してきたことを明らかにできれば、そして、それらの動機そのものと、それから生まれたしきたりのいくつかが、古代ギリシア・ローマに実際にあったことを証明できれば、それよりはるか昔にも、その同じ動機が働いてネミの祭司職が誕生したと推論できるのではないか。しかし、祭司職が実際にどのようにして始まったのかに関する直接的な証拠がないので、これはあくまで推論でしかなく、証明とはならない。だが、前に述べたいくつかの前提条件がどの程度申し分なく満たされているかによっては、多少なりとも推論の域を出て論証できるのではないかと思う。そこで、本書ではこれらの前提条件を満たしながら、ネミの祭司職について解明していきたい。

そこでまず、この主題に関連してすでにわかっているいくつかの事実と伝説を紹介しよう。ある説話によると、ネミでディアナ崇拝を始めたのはギリシアの伝説に登場するオレステスだという。オレステスは、タウリカの植民市ケルソネソス（クリミア）の王トアスを殺したのち、姉を連れてイタリアへ逃亡したが、そのときタウリカのディアナ像を薪束《たきぎ》のなかに隠しもってきた。彼の死後、その遺骨はアリチアからローマへ移され、カピトリヌス丘の上、平和の女神コンコルディアの神殿のそばにある農耕の神サトゥルヌスの神殿の前に埋葬された。タウリカのディアナ像にまつわる血なまぐさい儀式の伝説は、古典文学の読者にはおなじみのもので、タウリカの海岸に上陸した異邦人は一人残らず、ディアナの祭壇にいけにえとして捧げられたという。だが、この儀式は、イタリアに移入されると、もっと穏やかな形をとった。ネミの聖所には一本の樹があり、その枝は一枝たりとも折ってはならないとされていた。ただし、逃亡してきた奴隷だけは、枝を一本、折れるなら折ってもよかった。首尾よく枝を折りとった奴隷は、祭司と一騎打ちする資格が与えられ、その戦いで相手の祭司を殺せば、代わって「森の王《レクス・ネモレンシス》」として治めることになった。古代の人々の一般的な考

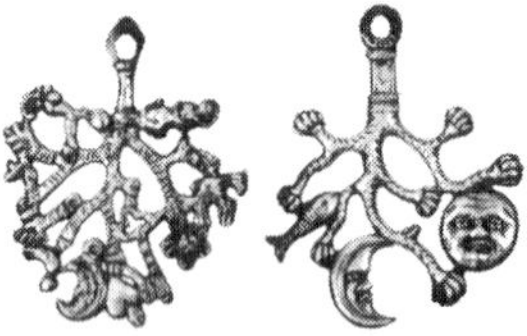

自然の女神ディアナ　シムラタは、魔術のシンボルのついた銀製のヘンルーダの小枝で、ディアナ崇拝の名残とみなされてきた。イタリアでは19世紀になっても、幸運と繁栄をもたらすお守りとされていた。2000年前、これと同じようなものがディアナに捧げられたと考えられる。

シムラタ、19世紀のもの（オックスフォード大学ピット・リヴァーズ博物館所蔵）。

えでは、この運命を決する枝こそ、アイネイアスが冥界へ危険な旅に出立しようとしたとき、巫女《シビラ》の命のままに手折った、あの「金枝」だったのである。そして、奴隷の逃亡はオレステスの逃亡を象徴しているとされていた。さらに、祭司との一騎打ちは、かつてタウリカのディアナ像に人間のいけにえを捧げた儀式を彷彿させるものだった。この剣の力による祭司職継承の掟は帝政時代まで守られてきた。それを示す例をあげてみよう。ローマの皇帝カリグラは数々の気まぐれな行為で知られるが、当時のネミの祭司があまりに長く治めていることに業《ごう》をにやして、その祭司よりも強いごろつきを雇って殺させたのもその一つだ。また、アントニウスの時代にイタリアを訪れたあるギリシア人の旅人が書いているのだが、その時代にもまだネミの祭司職は一騎打ちで勝った者への褒美だったという。

ネミにおけるディアナ崇拝については、そのほかにもきわだった特徴がいくつかある。ネミの聖所から祈願の供物が発見されているが、それらを見ると、ディアナは特に狩猟の女神とみなされていたようだ。さらに、男女に子宝を授け、身重の母に安産を約束する女神だと考えられていたらしい。そして、やはり儀式では火が最も重要な役割を果たしていたようである。一年のうちで最も暑い時期にあたる八月十三日に行われる年祭では、祭りのあいだじゅう聖なる森は無数のかがり火で照らされ、その赤い炎が湖面に反射していた。また、この祭りの日には、イタリア全土で、どの家庭でも炉辺で神聖な儀式が行われた。たいまつをもつ右手を高くかかげたディアナを写したブロンズの小像も、この聖所から発見されている。ディアナに祈りを捧げた女たちは、花冠をつけ、たいまつの炎をかざして、この聖所を訪れ、誓願成就を願った。名もなきある人が、クラウディウス皇帝とその家族の安泰を祈って、永遠に明かりをともしつづけるランプをネミの小さな神廟に奉納した。その聖なる森からはテラコッタ製のランプがいくつか発見されているが、それらはたぶん身分の低い人々が同じような目的で奉納したのかもしれない。もしそうだとすれば、教会に神聖な蠟燭を奉納するカトリックの慣習と明らかに類似している。

古代ローマの貴石の飾り。小枝と果物の鉢を手にしたディアナで、そのかたわらにいるのは聖なる牡鹿である（ベルリン、古代博物館所蔵）。写真：イゾルダ・ルカート

しかも、ネミのディアナが炉床の女神ウェスタという称号をもつことから明らかなように、ディアナはその聖所で神聖な火を永遠に絶やさないのである。

八月十三日にイタリア全土で行われる年祭では、猟犬に口輪をつけ、獣を傷つけないようにした。若者たちはディアナを讃える浄めの儀式を行った。ブドウ酒が出さ

れ、御馳走は仔山羊の肉、木の葉の皿に盛った焼きたての菓子、そして枝にたわわについたままのリンゴだった。キリスト教会はこの清らかな女神を讃える盛大な祭りを巧みに、八月十五日の聖母マリア被昇天祭へと姿を変えることで宗教的に正当化したようだ。二日のずれくらいでは、この二つの祭りを同じものではないとする致命的な反証とはならない。四月二十三日の聖ジョージの祝日の場合も同じく二日のずれがあるからだ。このイングランドの守護聖人の祝日は、古代ローマで四月二十一日に行われたパリリア祭と同じものだと思われる。聖母ディアナの祭りを聖母マリアの祭りに転化させた根拠については、シリア語で書かれた『わが聖母マリアの今生の別れ』の一節からもある程度、解明できる。そこには次のように記されている。「そして、使徒たちは、蔓が［ブドウの］房をつけ、木々が果実をつけるために、ユダヤ暦第五月［すなわち八月］の第十三日にその祝福されし者を讃える儀式を行うべきだと命じた。さもなくば、怒りのつぶてとなる雹《ひょう》の雲がやってきて、果実をつけた木々もブドウの房をつけた蔓も折れてしまうだろう」。こうして聖母マリア被昇天祭は、熟したブドウなどの果実を守るために、八月十三日か十五日に行うことに決まったといってまちがいない。今日にいたるまで、ギリシアには、熟したブドウなどの果実を八月十五日に教会で司祭に祝福してもらう慣習が残っている。聞くところによると、現在でもブドウ園や農園はアルテミス（ディアナに相当するギリシアの女神）に捧げ、果実をアルテミスの像に供え、果樹園にはアルテミスの神殿が立っているそうだ。そこから推して考えると、イタリアのアルテミスであるディアナもブドウの木や果樹の守護女神として崇拝されていて、八月十三日にはブドウ畑や果樹園の主人が村の人々とともにネミのディアナを参拝していたと思われる。

ネミの森に君臨していた神はディアナだけではなかった。この森の聖所にはディアナよりは神格の低い二人の神もいた。一人は水の精エゲリアで、かつては玄武岩の岩のあいだから白い泡をたてて流れ、美しい滝となって湖に流れ落ちていた清らかな水流の精である。この滝が流れ落ちていた場所は、近代になってネミの村の水車小屋が建てられたために、レ・モレと呼ばれるようになった。かつては身ごもった女たちがエゲリアにいけにえを捧げていた。エゲリアもディアナと同じく安産の女神だと信じられていたからだ。伝説によると、エゲリアは賢明なる王ヌマの妃か側妾《そばめ》で、王は聖なる森で密かにエゲリアと交わり、王がローマの人々に課した律法は、神性をもつエゲリアと交わったことで啓示を受けて定めたものだそうだ。ギリシアの歴史家プルタルコスはこの伝説を、たとえば美青年アッティスにたいするキュベレの愛やエンデュミオンにたいする月神の愛といった、人間にたいする女神の愛について語っているそのほかの物語と対比している。このネミの湖に流れ込んでいる泉こそ本来のエゲリアだと考えてもよいだろう。そして、最初にアルバン丘陵からティベリス川のほとりに移り住んだ人々が、この水の精を連れてきて、城外の森にその新しい棲み家を見つけたのだと考えられる。この聖域で浴場の遺跡が発見され、それとともに人体のさまざまな部分をテラコッタでかたどったものも数多く発掘された。これは、エゲリアの水が病人を癒すのに使われたことを示している。つまり、現在でもヨーロッパの多くの地方で行われている慣習と同じように、病人は病んだ部分をかたどったものをこの女神に奉納することで、病いがなおるのを願ったり、病いがなおった感謝を示そうとしたのだろう。今日でもこの泉には薬効があると思われているようだ。

ディアナは収穫時に祝われる
ブドウの葉と房の冠をいただいた頭部。ネミから出土された古代ローマの奉納物（ノッティンガム、キャッスル博物館所蔵）。写真：G・H・ウォリス（1893年『ネミの古代遺物』）

ネミの森にいたもう一人の神はウィルビウスである。伝説によると、ウィルビウスは純潔で美しいギリシアの英雄ヒッポリュトスで、狩猟の技を半人半馬のケンタウロスから習い、ただ一人の友である狩りの女神アルテミスとともに、獣を追って生涯を森で過ごしたという。ヒッポリュトスはアルテミスとの神的な交わりを誇りとして、女たちの愛をしりぞけ、そのためにやがて命を落とすはめになる。ヒッポリュトスにすげなくされて腹をたてたアプロディテが、パイドラをそそのかして継子ヒッポリュトスを愛するようにしむけた。だが、ヒッポリュトスに道ならぬ求愛を冷たくはねつけられると、継母は夫のテセウスに讒訴《ざんそ》した。テセウスはこの中傷を信じ、邪恋と思い込んで、ポセイドンに報復を祈った。すると、

ディアナ像の前で、たいまつを手にブドウを捧げる子どもたち。イタリアのオスティアから出土した1世紀の壁画（ローマ、ヴァチカン宮殿所蔵）。写真：アンダーソン

海の神ポセイドンは、ヒッポリュトスがサロニクス湾の岸で二輪馬車を駆っているとき、波間から猛牛をおどり出させた。驚いた馬が暴走し、ヒッポリュトスは馬車から投げ出され、馬の蹄《ひづめ》に蹴られてあえなく死んでしまったのである。ところが、この若く美しい狩人を愛していたディアナは、医師アスクレピオスに頼んで生き返らせてもらうと、遠く離れたネミの谷へ連れていき、水の精エゲリアに預けた。こうして、ヒッポリュトスはこのイタリアの森の奥で、ウィルビウスの名で人知れず孤独に暮らし、やがて王となってディアナに聖域を捧げたのである。ウィルビウスはネミだけでなく、ほかの地でも神として崇められていた。たとえば、カンパニアには、聞くところによると、ウィルビウスに仕える特別な祭司がいたそうだ。アリチアの森と聖所からは馬が追放されたが、

これは馬がヒッポリュトスを蹴殺したからにほかならない。また、ウィルビウスの像にさわるのも法度《はっと》であった。ウィルビウスを太陽だと思っている者たちもいた。だが、ローマ第六代の王セルウィウス・トゥッリウスによると、「実際のところは、アッティスと神々の母、エリクトニウスとミネルウァ、アドニスとウェヌスといったように、ウィルビウスはディアナと結びつけて考えられる神である」。

丹念に論証をあげるまでもなく、ネミにおけるディアナ崇拝をめぐるさまざまな物語は史実ではない。ディアナ崇拝の根拠が、その儀式の特徴によって、あるときはオレステスに求められたり、あるときはヒッポリュトスに求められたりすることから明らかなように、ネミの神話に一貫性がないのは歴然としている。こうした物語の真価は、ディアナ崇拝と対比させて、その本質を解き明かす手だてとなる点にある。さらに、その真の起源が古代の神話の霧のなかに消えてしまっていることを示すことによって、それが大昔のことであったことを間接的に証明する点にあるのだ。

アルテミスとヒッポリュトス

オレステスとヒッポリュトスをめぐるアリチアの伝説は、史実としては無価値であるとしても、ほかの地の聖所に残る神話や儀式と比較することによって、ネミのディアナ崇拝をもっとよく理解する手だてになるという点では、まったく無価値とはいえない。そこで、問題になるのは、こうした伝説の作者がウィルビウスや「森の王」を説明するのに、なぜオレステスやヒッポリュトスを引き合いに出したのかということだ。オレステスについては、その答えははっきりしている。オレステスと、人間の血を捧げることでしか宥《なだ》められないタウリカのディアナ像とを引き合いに出したのは、アリチアの祭司職継承をめぐる血なまぐさい掟をわかりやすく説明するためであった。だが、ヒッポリュトスについては、ことはそう単純ではない。聖なる森から馬を追放した理由は、ヒッポリュトスの死に方からすぐにわかるが、だからといって、その死に方自体はウィルビウスとヒッポリュトスを同一の存在とする説明としては不十分である。そこで、ヒッポリュトスの伝説あるいは神話と同時に、ヒッポリュトス崇拝について調べることで、もっと深く追究してみなければならない。

ヒッポリュトスの有名な聖所は、まわりを陸に囲まれた美しい入江にある父祖の地トゥロイゼンにあった。穏やかな湾の青い海面に、湾を外海から隔てるポセイドンの聖なる島が浮かび、島の頂きは松林のくすんだ緑で包まれていた。その聖所には古びた像を祀った神殿が建っており、終生ヒッポリュトスに仕える祭司が礼拝をとり行っていた。毎年、ヒッポリュトスを讃えていけにえを捧げる祭りが行われ、未婚の乙女が泣き、悲しみの歌をうたって、彼の早すぎる死を悼んだ。また、乙女たちは結婚の前にみずからの髪の毛を神殿に奉納した。ヒッポリュトスの墓はトゥロイゼンにあったが、その確かな場所はわからない。ただ、次のことはおおいにありうるとされてきた。つまり、アルテミスに愛され、青春の盛りに命を失い、毎年、乙女たちに悲しみの涙を流させたこの美青年ヒッポリュトスは、古代の信仰によくみられる、女神に愛された人間の一人なのだ。アドニスはその最もなじみ深い典型である。このヒッポリュトスの愛を求めるアルテミスとパイドラの争いは、アドニスをめぐるアプロディテとペルセポネの張り合いが名を変えたものにほかならないといわれる。パイドラはアプロディテとそっくりだからだ。確かに、ギリシアの詩人エウリピデスは『ヒッポリュトス』で、この英雄の死の悲劇は、もとをたどれば自分の力をあなどった男にたいするアプロディテの怒りが直接の原因であり、パイドラはアプロディテに手先として利用されたにすぎないとしている。さらに、トゥロイゼンにあるヒッポリュトスの聖域には「のぞき見るアプロディテ」の神殿が建っていた。この神殿がそう呼ばれていたのは、恋するパイドラが男らしい競技を楽しむヒッポリュトスの姿をここからよく眺めていたからだとされる。だが、のぞき見していたのがアプロディテ自身だと考えたほうが、この名称がもっとふさわしいのは明らかだ。このアプロディテの神殿のわきには葉に穴のあいた一本のギンバイカの木が生えていた。その穴は、道ならぬ恋に苦しむ不幸なパイドラが短剣のような飾りのついたヘアピンを突き刺してつけたものだ。つややかな緑の葉が茂り、かぐわしい赤と白の花をつけたこのギンバイカの木はアプロディテの木といわれ、伝説ではこの木をアドニスの誕生と結びつけている。アテナイでもヒッポリュトスはアプロディテと密接に結びつけてみられていた。というのは、アクロポリスの南側に、トゥロイゼンの方角を向いて、ヒッポリュトスの霊を祀った塚または墓所があり、そのわきにパイドラが建てたとされるアプロディテの神殿があり、アプロディテとヒッポリュトスの神殿と呼ばれていたからだ。このようにトゥロイゼンでもアテナイでも、ヒッポリュトスの墓と愛の女神アプロディテの神殿が結びつけられていたというのは重要な意味をもつ。

ヒッポリュトスとアルテミスやアプロディテの関係について、こうした見方が正しいとすれば、いささか注目すべき点は、ヒッポリュトスを愛したこの二人の女神がともに、トゥロイゼンでオークの樹と結びつけられていたらしいということだ。トゥロイゼンではアプロディテは「実をつけないオークの女神」という意味のアスクライアという尊称で崇拝されていた。また、ヒッポリュトスはサロニアン・アルテミス、すなわち「うろのあるオークのアルテミス」の聖所からそう遠くないところで死を迎えたといわれていた。そこにあった野生のオリーブの木に彼の二輪馬車の手綱がからまって、地面に投げ出されて死んだというのである。

ヒッポリュトスの神話でもう一つ注目に値するのは、馬がたびたび出てくることだ。ヒッポリュトスという名前は「馬から解き放された者」あるいは「馬を解き放す者」という意味である。ヒッポリュトスはエピダウルスの医神アイスクラピオスに馬二十頭を献納した。彼は馬に殺された。「馬の泉」はおそらく彼が貪欲なアルテミスのために建てた神殿からそう遠くないところに湧き出していた。馬は彼の祖父ポセイドンにとって神聖なものであり、そのポセイドンの古代の聖所はトゥロイゼンの湾に浮かぶ緑の島にあり、その廃墟は今も松林に囲まれて残っているかもしれない。そして、トゥロイゼンにあるヒッポリュトスの聖所はディオメデスがつくったとされているが、そのディオメデスと馬および狼との神話的な結びつきは証明されている。このようにヒッポリュトスは多くの形で馬と結びつけられており、アリチアの儀式については、聖なる森から馬が追放されたということだけでなく、もっとさまざまな特徴がこのヒッポリュトスと馬との関連から説明されてきたといえるのである。

トゥロイゼンでは乙女たちが結婚の前にひと房の髪の毛をヒッポリュトスに捧げる慣習があったが、これはヒッポリュトスが結婚と関係があることを示しており、一見したところ、彼が絶対に結婚しない男だという定評とは相いれないようにみえる。ギリシアの風刺詩人ルキアノスによると、トゥロイゼンでは乙女ばかりでなく若者も、刈りとった毛をヒッポリュトスに捧げないと結婚できなかったという。その文脈から推測すると、若者たちはそのときはじめて顎ひげを剃ったらしい。その理由はともかく、この種の慣習はギリシアでも東洋でも広く行われていたようだ。プルタルコスが書いているが、かつては思春期の少年がデルポイのアポロン神殿に刈りとった毛を捧げる習わしがあった。ヒッポリュトスの父テセウスがこの慣習を守り、それが有史時代まで続いたのだ。アルゴスでは娘が一人前の女になると、結婚の前に母神アテナにひと房の髪の毛を奉納した。また、デロス島にあるアルテミス神殿の入口には、一本のオリーブの木の下に二人の乙女の墓があった。これは、伝えられるところによると、遠い昔、はるか北の国から二人の娘がアポロンに髪の毛を捧げるために巡礼となってこの聖なる島にやってきたが、ここで死んだために埋葬されたというのである。デロス島の娘たちは結婚の前にひと房の髪の毛を切りとり、それを糸巻きに巻いて、この墓に供えた。若者たちも同じく、はじめて剃った顎ひげを草の束か若枝に巻きつけて供えたという。

ビブロスにあるフェニキアの大女神アスタルテの聖所では、毎年アドニスの死を悼んで女たちは頭を剃らなければならなかった。それを拒む女は、見知らぬ旅人に身を売り、その恥ずかしい行為の報酬をこの女神に捧げさせられた。この慣習について記したルキアノスがはっきりそうだといっているわけではないが、この選択を迫られた女たちはふつうは処女で、結婚の前提条件としてこの献身行為を求められたのではないか。そのように考えられる根拠はあるのだが、いずれにせよ、アスタルテが供物として髪の毛の代わりに貞節を受けとっていたのは明らかだ。これは、女たちが髪の毛にせよ貞節にせよ、それを供物とすることで、アスタルテに豊穣多産の力を捧げたということである。だが、それならば、なぜ愛と豊穣の女神であるはずのアスタルテにそのような供物を捧げたのか？　なんのためにアスタルテは崇拝者たちから豊穣多産の力を捧げてもらったのか？　むしろアスタルテのほうこそ女たちにその力を恵むのではなかったのか？　このように疑問を並べると、多神教の、というより、おそらく古代宗教全般のもつ重要な側面を見逃してしまうことになる。崇拝者が神々を必要としているのと同じくらい神々も崇拝者を必要としていたのだ。お互いに恩恵を与えあっていたのである。神々は、家禽《かきん》や家畜を増やし人間を増やして、この大地を豊かにしてやれば、その恵みの一部を年貢や供物の形で戻してもらえるものだと期待していた。神々はこの年貢で暮らし、それがなければ飢えてしまう。神の胃袋を満たさなければならず、神の再生産の活力を回復しなければならない。だから人間は神々に肉や飲み物を捧げ、男は最も男らしいものを、女は最も女らしいものを供物として奉納しなければならないのだ。しかし、宗教史家たちはこの女の供物についてしばしば見過ごしたり誤解してきた。女の供物については、これから研究を進めていくうちに、ほかにも例が見つかるだろう。女たちのほうも、髪の毛を捧げることでアスタルテとのあいだに気持の通いあった結びつきが生まれ、恵みを与えてもらえるのではないかと期待していたと考えられる。実際に、豊穣多産の聖なる源と触れることで、自分にも多産の力が与えられるのではないかと期待していたのかもしれない。そして、髪の毛の場合と同じように、貞節を捧げる行為にも似たような動機が潜んでいたと考えられる。

髪の毛、それも思春期の髪の毛を奉納する行為は、捧げる相手である神を養い豊かにすることで、その神の存在を強めることになる。そう解釈したほうが理解しやすい慣習がある。それは死者の霊に髪の毛を捧げるという広くみられる慣習である。また、それだけでなく、髪の毛を刈って川に捧げるギリシアの慣習もそうだ。たとえば、アルカディアではフィガリアの少年たちが、町から見下ろす鬱蒼たる森に囲まれた谷間を流れる川に髪の毛を捧げた。自然界では大地を肥沃にしてくれるものとして、雨と太陽につぐ存在が川にほかならなかったからだ。また、豊穣を願って捧げると考えれば、デロス島の若者や娘たちがオリーブの木の下にある二人の乙女の墓に刈りとった毛を供える慣習も、もっとわかりやすいだろう。なぜなら、デロス島でも、デルポイと同じく、アポロンの数多くの役割の一つが、穀物を生長させ、農夫の納屋を収穫物でいっぱいにすることにあったからだ。そこで、収穫期には、実った穀物の十分の一が年貢の供物として、各地からアポロンに捧げられたり、あるいは、このほうがたぶん好ましい形だったと思われるが、「黄金の夏」と名づけられた黄金でかたどった穀物の束が供えられた。こうした最初の収穫物を供える祭りが、収穫月の第六日と第七日に行われたタルゲリア祭だったのかもしれない。この両日はそれぞれアルテミスが生まれた五月二十四日とアポロンが生まれた五月二十五日に相当する。ギリシアの詩人ヘシオドスの時代には、穀物の刈り入れは、すばる（プレアデス）が空にかかる朝に始められたという。それは現在の五月九日にあたる。ギリシアでは今でも小麦が実るのはちょうどそのころである。デロス島でもデルポイでも、こうした供物にたいするお返しとして、アポロンはその聖所から新しい聖火を放ち、聖なる祝福の熱と光が、ちょうど太陽から発するように、あまねく広がったのである。毎年、一隻の船がデロス島からレムノス島に新しい聖火を運んだ。この火の神へパイストトスの聖なる島では、すべての火が消され、聖火が到着すると改めて点火され、清らかな炎をあげるのであった。デルポイからはアテナイに新しい聖火が運ばれたが、それはこのうえなく厳《おごそ》かで華麗な儀式だったようだ。

ところで、デロス島の若者や娘が結婚の前にひと房の毛を捧げる墓に埋葬されている二人の乙女は、はるか北のヒュペルボレオスから、麦藁に包んだ収穫物を供えにやってきて、この島で死んだとされている。彼女たちは、毎年、黄色く実った穀物の束をもってデロス島に集まり、歌と踊りを奉じるアポロン崇拝者たちを象徴する神話の人物だというのが通説であった。だが、実際には、この二人の乙女はそれ以上に重要な存在だったのである。ふつう彼女たちの名前はヘカイルジェとオピスとされているが、近代の学者たちがその名前を調べた結果、どう考えても、彼女たちはもとをたどればアルテミスとよく似た存在ではないかという結論に達したのだ。しかし、もう一歩先を考えてもよいのではないか。というのは、ヒュペルボレオスからやってきたこの二人のうち一人は女ではなく、アポロンの別称だった「遠くへ射る者（ヘカイルゴス）」という名の男として登場することもあるからだ。これはこの二人がもともとは聖なる双子アポロンとアルテミスだったことを示している。また、デロス島のアルテミスの聖所の前とうしろにある二つの墓は、もとはアポロンとアルテミスの墓所で、それぞれの生誕の地が安息の地となったのかもしれない。一方の墓にはひと房の毛が供えられ、もう一方の墓には祭壇で焼かれたいけにえの灰が捧げられた。私の考えが正しいとすれば、この二つの供物は、大地に黄金色に輝く穀物を波うたせる神の力を強め豊かにするためのものであった。その神の遺骨は、中世の聖人の奇跡を行う遺骨と同じく、その幸運な所有者たちに富をもたらしたのである。古代の人々の信仰心は、死んだ神の墓を見ても揺らぐことはなかったのだ。

しかし、ここで問題になるのは、これがヒッポリュトスとどう関わってくるのかということだ。子を産まぬ処女にすべてを捧げた独り者の男の墓を肥沃にしようとするのか？　石ころだらけの土壌にどんな種子が根を伸ばし、芽を出せるというのか？　こうした疑問が生じるのは、近代の通説がディアナあるいはアルテミスを、狩りを好む貞操堅固な淑女の手本とみなしているからだ。だが、これほど真実からほど遠い見方はない。それどころか、古代の人々にとっては、ディアナやアルテミスはこのうえなく肥沃で豊穣な自然界に生きる——植物や動物や人間の——野生の生命の理想像であり化身であった。アルテミスの形容語として使われる「パルテノス」という言葉は、ふつう「処女」と訳されるが、未婚の女性という意味でしかなく、古代においては処女と未婚の女性はけっして同じ意味ではなかった。ところが、人間は道徳心が高まると、神々にいっそう厳しい倫理基準を課すようになる。神々の残酷さや欺きや欲望を扱った話は、うわべを飾ってごまかしたり、神にたいする冒瀆《ぼうとく》だとしてにべもなく退けたりする。そして、かつて法を破った悪党たちを法の守護者にしてしまう。アルテミスに関しては、意味の曖昧な「パルテノス」でさえ単に誰もが知っている別称にすぎず、正式な称号ではなかったようだ。貞淑の神としてのアルテミス崇拝が行われていたわけではない。性に関わる聖なる称号と考えるかぎり、逆に、イタリアのディアナと同じく、アルテミスも処女喪失や出産に関わる女神で、女性の多産を手伝うだけでなく積極的に促す女神であったのは明らかだ。現に、エウリピデスの言葉を借りると、産婆役としてのアルテミスは子どものない女には声すらかけようとしない。さらに、きわめて重要なこととして、称号やその役割を暗示する言葉は、明らかにアルテミスが出産の守護神であることを示していて、特に結婚の女神とはっきり示すものは何もない。しかし、たとえ結婚の女神ではないとしても、多産の神としてのアルテミスの本質は、アルテミスがアジアの愛と多産の女神と常に同一視されていることに、なによりもはっきりと表れている。アジアの女神は、その聖所で行われるいかがわしいことで有名な儀式で崇められていた、貞淑とはほど遠い未婚の女神だ。アルテミス崇拝の場として最も有名なエペソスにあるその聖像には、アルテミスの普遍的な母性がまぎれもなく表れていた。

ところでトゥロイゼンに話を戻すと、ヒッポリュトスとアルテミスがかつては古典に描かれている姿よりもっと愛情豊かな関係にあったと考えても、おそらくヒッポリュトスにたいしてもアルテミスにたいしても不当とはいえないだろう。ヒッポリュトスが女たちの愛を拒んだのは、女神の愛を受けていたからではないか。古代の宗教の基本的な考え方としては、自然を豊かにする女神は本人もたくさんの子に恵まれなければならず、そのためには必ず男

豊穣の女神ディアナ
(左) 2世紀のエペソスのディアナ像（ローマ、カピトリノ博物館所蔵)。写真：ローマ、DAI
(右) 5歳のコリンが描いた母親像。写真：ハムリン・グループ・ピクチャー・ライブラリー

の配偶者が必要だ。この考え方が正しいとすれば、ヒッポリュトスはトゥロイゼンではアルテミスの夫であり、トゥロイゼンの若い男女が結婚の前に捧げるひと房の毛は、ヒッポリュトスとアルテミスの結びつきを強めるためのものであり、ひいては大地の、家畜の、そして人間の豊穣を促すためのものであったといえる。人間の男と女神が愛しあう話はなにもトゥロイゼンに限ったものではなく、また、スミレの花の紫、アネモネの緋《ひ》色《いろ》、バラの真紅

に人間の男の流した血を描いたさまざまな伝説も、夏の花のようにたちまちしぼんでしまう若さや美しさを、なんのいわれもなく単に詩的に表現しただけのものではなかったのだ。こうした伝説には、人間の命と自然の命の関係についてもっと深遠な哲学――悲劇的な慣習を生み出した悲しい哲学が潜んでいるのである。そうした哲学やそうした慣習がどんなものであったのか、これから検討していこう。

要約

これで古代の人々がアルテミスの愛人ヒッポリュトスとウィルビウスを同一視したわけがわかったといえよう。ローマの文法家セルウィウスにいわせると、ウィルビウスはディアナにとって、ウェヌスにとってのアドニス、あるいは「神々の母」にとってのアッティスと同じ存在であった。ディアナは、アルテミスと同じく、豊穣の女神、とりわけ出産の女神だったからだ。そのためにも、ディアナはアルテミスと同じく男の伴侶を必要としたのだ。セルウィウスのいうとおりだとすれば、その伴侶がウィルビウスだったとなる。聖なる森の創設者にしてネミの最初の王として、明らかにウィルビウスは森の王の称号でディアナに仕えた祭司の神話的な先任者あるいは原型である。その祭司たちはウィルビウスと同じく代々非業《ひごう》の最期《さいご》を遂げた。したがって、彼らが聖なる森の女神ディアナにたいして、ウィルビウスと同じ関係にあったと考えてもよいだろう。要するに、「森の王」たる人間は、その聖なる森のディアナを神妃としていたわけだ。彼が命を賭けて守った聖なる樹がこの女神を特別に象徴したものだとすれば、祭司はその樹を女神として崇めただけでなく、妻として抱きしめたのかもしれない。そう考えてもあながち荒唐無稽とはいえない。小プリニウスが書いているように、彼の時代になっても、ローマのある貴族が、アルバン丘陵にもあるディアナの聖なる森で、一本の美しいブナの木をそのように扱っていたからだ。その貴族は、そのブナの木を抱きしめ、口づけをし、木陰に横たわり、幹にブドウ酒を注いだ。明らかにその木を女神とみなしていたのだ。このように男や女を樹木と実際に結婚させる慣習は、今日でも東洋のインドその他の地域で行われている。それならば、古代のラティウムでも行われていたと考えてもおかしくはない。

以上の例証から次のように結論できる。すなわち、ネミの聖なる森におけるディアナ崇拝は、はかりしれないほど古く、きわめて重要な慣習だった。ディアナは森の女神、野生動物の女神、そしておそらくは家畜の女神、大地の実りの女神として崇められていた。男と女に子宝を授け、出産する母親に力を貸すと信じられていた。その聖なる火は純潔な乙女たちが守り、その聖所にある円形の神殿で永遠に燃えつづけた。水の精エゲリアは、女の出産を手助けすることでディアナと同じ役目を果たし、聖なる森でローマの王と結ばれたと広く考えられているところから、ディアナと関連があるとみなされている。さらに、森のディアナ自身にウィルビウスという名の男の配偶者があり、ディアナとウィルビウスの関係は、ウェヌスとアドニスあるいはキュベレとアッティスの関係と同じであった。そして、神話時代のウィルビウスは、有史時代になって「森の王」と呼ばれる祭司として登場する。その祭司は代々、後継者の剣で倒され、その命は聖なる森に生えている一本の樹にかかっているとされた。すなわち、その樹が無事であるうちは、祭司も後継者に襲われることはないとされたのである。

以上のような結論だけでは、明らかに、聖なる森の祭司職継承をめぐる特殊な掟を十分に説明できるとはいえない。しかし、もっと分野を広げて検討すれば、この問題の解決の手がかりがつかめるのではないだろうか。

第二章　祭司たる王

そもそもわれわれが答えを求めようとした疑問点は、大きく分けて次の二つである。ネミではディアナの祭司たる森の王になるには、なぜ時の祭司を殺さなければならなかったのか。そして、時の祭司を殺すに先だって、古代の人々がウェルギリウスの「金枝」とみなしたある樹の枝を手折らなければならなかったのか。この二つは一応別個の問題なので、便宜上、個別に検討したい。そこで、まず第一の疑問について検討し、第二の疑問については本書の最後の部分で一つの答えを示そうと思う。

まずディアナの祭司の称号についてみてみよう。なぜ彼は「森の王」と呼ばれたのか。なぜ彼の統治するところが王国と称されたのか。

祭司の職にある者が王と呼ばれるのは、古代のイタリアやギリシアではごくふつうのことだった。ローマでもラティウムのほかの都市でも、祭司は「供犠の王」あるいは「聖なる儀式の王」と呼ばれ、その妻は「聖なる儀式の王妃」と呼ばれていた。共和国アテナイでも、その年の第二執政官は「王」と呼ばれ、その妻は王妃と呼ばれており、いずれも宗教的な機能を果たしていた。ギリシアの民主国家には、アテナイのほかにも肩書きだけの王のいる国家が数多くあった。その王の職務は、現在わかっているところでは、祭司的なもので、もっぱら国家の「共同炉床」を司《つかさど》っていたらしい。

祭司の機能と王の権威が結びつくことは、すでに誰もがよく知っている。たとえば小アジアにはさまざまな宗教都市があり、何千という聖なる奴隷が住み、中世のローマ教皇のように世俗的権威と宗教的権威とを合わせもつ教皇によって支配されていた。ゼラやペッシヌスがこうした祭司の治める都市だった。また、古代異教時代のチュートン人の王たちも、大祭司の地位にあり、権限をふるっていたようだ。中国の皇帝は儀典書にこまごまと定められた規定に従って公的な供儀を行っていた。マダガスカルの王もその王国の大祭司であった。新年の大祭では、王国の安泰を願って牡牛をいけにえとして供え、王がその前に立って祈りと感謝を捧げているあいだに、従者たちがその牛を屠《ほふ》った。東アフリカのガラ族の国で、今なお独立を保っている君主制諸国では、王が山頂でいけにえを供え、人身御供《ひとみごくう》を捧げる儀式を行っている。中央アメリカでも、王たちがやはり世俗的権威と宗教的権威を合わせもち、王の職務と祭司の職務を兼ねていたことは、伝説からおぼろげに浮かび上がってくる。その古代の都市は、今では鬱蒼たる熱帯のジャングルに覆い隠され、わずかにパレンケの堂々たる神秘的な廃墟にその存在をうかがい知ることができるだけだ。

だが、古代の王は祭司を兼ねているのがふつうだったといっただけでは、その職務の宗教的側面を完全に説明したことにはならない。当時、王を束縛する神格は、ただの名目的なものではなく、真剣な信仰の表れであった。王は、多くの場合、単に祭司、すなわち人間と神の仲立ちをする者としてではなく、みずからが神として崇められていた。臣民であり崇拝者である人々に、ふつう人間の力ではとうてい及ばないと思われる祝福を与える力があると信じられていたのだ。いやしくもその祝福を求めるなら、超人間的な目に見えない存在に祈りといけにえを捧げるしかないと考えられていた。たとえば、王には耕作の季節に応じて雨を降らせたり太陽を照らしたり、穀物を生育させる力を期待することが多い。おかしな期待をするものだとわれわれには思えるが、古代のものの考え方としてはごくあたりまえの期待である。文明人はふつう自然と超自然に一線を画することができるが、未開人にはその境界がはっきり区別できていない。未開人は、自分たちと同じような衝動や動機で行動し、哀れみや望みや恐怖に訴えられると、つい動かされてしまう人間的な存在である超自然の力がこの世界を大きく支配していると考える。このように世界をとらえていると、自分の都合のよいように自然の運行を左右する力に限界を認めない。祈ったり、約束したり、脅したりすることで、神々から好天と豊かな実りを手に入れようとする。ときには神がたまたま人間の姿をしているのだと信じていて、それならばそれ以上崇高な存在に祈願する必要もない。こうして未開人は、自分の繁栄と同胞の繁栄を促すのに必要なもろもろの力をわが身にもつことになる。

これも人間神という考え方が生まれる一つの形だが、もう一つ、別のとらえ方もある。この世界には霊的な力が充満しているという考え方と並んで、未開人はこれよりもおそらく古い別の見方もしている。その見方には、自然というのは人間の力が介入しなくても一定不変の秩序で起こる一連の出来事なのだとする自然の法則にたいする近代的な考え方あるいは自然観の萌芽が認められる。この萌芽は、大多数の迷信の体系で大きな役割を演じているいわゆる共感呪術にみられる。古代の社会では、王はしばしば祭司であると同時に呪術師でもある。実際、妖術あるいは罪のない魔術にたけていると思われていることで、権力の座に就くことが多かったようだ。そこで、王権の発達と、未開人が王の役目を神聖なものとみなすようになってきたことを理解するには、呪術の本質をある程度知っておく必要があり、時代や洋の東西を問わずその古代の迷信の体系が人間の心に及ぼしてきた並はずれた威力について、一応の見解をまとめておくべきである。そこで、この問題についてもう少し詳しく考えてみたい。

第三章　共感呪術

呪術の原理

呪術はどのようなものの考え方に根ざしたものなのか、その原理を分析すれば、次の二点に帰着するようだ。すなわち、一つは、似たものは似たものを生み出す、言い換えれば、結果はその原因に似るということだ。もう一つは、かつて互いに接触していたものは、その後、物理的な接触がなくなったのちも、引き続きある距離をおきながら互いに作用しあうということだ。前者を「類似の法則」と呼び、後者を「接触の法則」あるいは「感染の法則」と呼んでもよい。このうち第一の「類似の法則」の原理から、呪術師は、どんな事象でもそれを真似るだけで思いどおりの結果を生み出すことができると考える。また、第二の「接触あるいは感染の法則」の原理から、呪術師は、誰かの身体とかつて接触していたものにたいして加えられた行為は、その接触していたものがその人物の身体の一部であったにせよ、そうでなかったにせよ、その行為とまったく同じ結果をその人物にもたらすと考える。この

「類似の法則」に根ざした呪力を「類感呪術」あるいは「模倣呪術」と呼び、「接触あるいは感染の法則」に根ざした呪力を「感染呪術」と呼んでもよい。これら二つの呪術のうち前者については、「類感」という語を用いるほうがふさわしいだろう。つまり、「模倣」もしくは「模擬」という用語は、意識的に真似るという意味にならないまでも、それに近い意味合いをもってしまい、呪術の範囲を極度に狭めてしまうからだ。呪術師がその術をほどこすときにこの原理を用いるのは、無生物の自然の運行を操作できると信じ込んでいるからである。別の言い方をすれば、「類似の法則」と「接触の法則」は普遍的に適用でき、人間の行動によって制約されることはないと、呪術師は暗黙のうちに考えているのだ。要するに、呪術というのは人を導いて惑わす行為であると同時に、自然の法則の体系に見せかけたものなのである。未熟な技術であり、まやかしの科学なのだ。自然の法則の体系だとみなすなら、つまり、この世に起こるもろもろの事象の因果的な連鎖を決定する法則を明確に示すものだとみなすなら、「理論的呪術」と呼んだほうがよい。また、人間が最終目的を達成するために従う一連の規範だとみなすなら、「実践的呪術」と呼ぶほうがよい。これと同時に念頭におくべきことは、原始的な呪術師は実践的な面でしか呪術を知らないという点である。原始的な呪術師は、実際に呪術を行うときに、その基礎となる相手の心の働きを分析することなどまったくないし、自分が行う呪術のもつ抽象的な本質について深く考えてみることもない。大多数の人々と同様、呪術師にとっても、論理とは暗黙のうちにあり、明確な理解に基づいた

呪術信仰はすたれない
(左) 狼狩りの猟犬に引っ張られるマンドレーク（ナス科の有毒植物で、その二叉になった根が人間の体を思わせ、引き抜くときに声を出して叫ぶといわれた)。「マンドレークを地面から引き抜き、引き裂くにはこの方法しかない」。中世動物寓話集、アシュモール写本31ページ（1431年、オックスフォード大学、ボドリアン図書館所蔵)。
(右) 1906年にある職人がオックスフォード大学ピット・リヴァーズ博物館にもってきた黒いブリオニア（ウリ科の蔓植物）の根。その職人はこれが魔力をもつマンドレークだと信じていた。

ものではないのだ。つまり、人はある動作をするとき、必ずなんらかの知的および生理的な働きによってその動作をするものだが、呪術師はそうした知能や肉体の働きについてはまったく頓着せずに、ちょうど食べ物を消化するように、ごく自然に判断を下す。要するに、未開の呪術師にとって、呪術というのはいついかなるときも術であって、けっして科学ではないのだ。その未熟な頭脳には科学という観念そのものが欠落しているのである。呪術師がほどこす呪術の底にどのようなものの考え方が流れているのかをたどってみること、からまりあった糸の束から糸口を引き出すこと、具体的な応用から抽象的な原理を切り離すこと、つまり、いんちきな術の背後にあるまがいの科学を見抜くことは、哲学の研究分野なのである。

呪術師の考え方に関するこの分析が正しいとするなら、「類似の法則」と「接触の法則」という呪術の原理の本質は、いずれも観念連想をそれぞれに誤って適用しているにすぎないことになる。類感呪術の基礎には類似による観念連想があり、感染呪術の基礎には連続による観念連想があるのだ。類感呪術は、互いに類似しているものは同一だと考える誤りに陥っており、感染呪術は、かつて互いに接触していたものはいつまでも接触していると考える誤りをおかしている。しかし、実際の施術では、この二つの呪術が組みあわされていることも多い。もっと正確にいえば、類感呪術もしくは模倣呪術は単独で行われるが、感染呪術はたいてい類感または模倣の原理も適用しているのがみられる。こういうふうに一般的な言い方をしたのでは、この二つの呪術はなかなか理解できないかもしれないが、特定の例をあげて説明すれば、すぐに理解できるだろう。いずれの呪術の原理も、実際にはきわめて単純で初歩的である。未開人のみならず、各地の無知で頭の鈍い人々にとっても、確かに抽象概念ではないが具体的な事象として、その素朴な知性になじみ深いものなので、けっして複雑で高度な考え方であるはずがない。類感呪術と感染呪術はいずれも、従来どおり、「共感呪術」という総称で理解するのがよい。なぜなら、どちらの呪術も、事物は遠く離れていても密かな共感によって互いに作用しあうと考えているからだ。その密かな共感とは、いわば目に見えないエーテルのようなものを媒介として、一方から他方へ伝わる波動である。こうした考え方は、近代科学がまったく同じ目的で、すなわち、何もないようにみえる空間を通して事物が互いに物理的な作用を及ぼしあう現象を説明するために立てる仮説と似ていなくもない。

この二つの呪術を、その底流にあるものの考え方によって、次のように図式化するとわかりやすいだろう。

共感呪術（共感の法則）
- 類感呪術（類似の法則）
- 感染呪術（接触の法則）

それでは、共感呪術について、まず類感呪術から、実例をあげて説明しよう。

類感呪術または模倣呪術

類似は類似を生むというものの考え方の最もなじみの深い例は、敵に似せた像を傷つけたり破壊することで、その敵本人に危害を加えたり殺そうとする試みである。これは、像が苦しめば、人間も同じように苦しみ、像が破壊されると、人間も必ず死ぬと信じていたからで、多くの時代を通じて多くの民族が試みてきたことだ。この種の呪術は、時代を問わず世界のいたるところでその実例がみられた。何千年もの昔、ギリシア、ローマはいうに及ばず、古代インド、バビロニア、エジプトの魔法使いもすでにこの種の呪術を知っており、今日でもオーストラリア、アフリカ、スコットランドなどで魔法の知識をもつ未開人が恨みをはらす手段として用いている。また、北米先住民は、砂や灰や粘土の上に人物の像を描いたり、あるいは、ある物体をその人物の身体とみなして、その物体を尖った棒で突き刺すなどして傷つけることで、相手の人物にまったく同じ危害を加えることができると信じているそうだ。たとえば、オジブワ族は、誰かに危害を加えたいと思ったときは、狙う相手を表す小さな木像をつくり、その像の頭部もしくは心臓部に針を突き刺したり矢を射込んだりする。そうすると、相手の身体はその瞬間に、針が突き刺さったり矢が当たった部分と同じところに激痛が走ると信じているのだ。相手を即座に殺したければ、ある呪文を唱えながらその木像を焼くか埋めればよい。メキシコの先住民、コラ族は、殺したい相手がいると、焼いた粘土、布きれなどを使ってその人物の人形《ひとがた》をつくり、呪文を唱えながら、人形の頭や腹に何本も針を突き刺す。そうすることで相手の同じ場所に苦痛を与えようとする。また、コラ族はこうした類感呪術をもっと有益に使うこともある。山羊や羊の数を増やしたいとき、蠟や粘土でかたどったり、凝灰岩を彫ったりして、その像をつくり、山の洞窟に安置するのである。それは、山こそ牛や羊をはじめとするあらゆる富の主人だと信じているからだ。牛、鹿、犬、鶏など、増やしたい動物があれば、その動物の像をいけにえとして捧げなければならない。ネミのディアナ像に奉納された牛、鹿、馬、豚の像が発見されているが、これらの像がどのような意味をもっていたのか、このコラ族の例からもわかるだろう。ネミの農民や猟師が家畜や獲物の数を増やしたくて、それらの像を奉納したのではないか。

中国人も、相手の像を手ひどく扱ったり、呪いをかけることで、相手に危害を加えることができると知っているのはまちがいない。それも、念を入れてその像に相手の名前と星座を書きつけておけば、効果は絶大だと考えている。廈門島《アモイ》では、割いた竹と紙でおおざっぱにつくったこうした像は「人形《ひとがた》」と呼ばれ、死者や神に供える紙製の供物を売っている店ならどこでも、非常に安い値段で買える。つつましい中国人は気のいい精霊や神々をごまかして、高価なものの代わりに紙の模造品を供えるのが習わしになっている。精霊や神々もまたその紙の模造品を本物と信じて受け入れてくれるのだ。この場合も、相手はその像に加えられた危害と同じ苦しみを味わうことになる。

古代バビロニアでも、粘土、樹脂、蜂蜜、獣脂といった柔らかい物質で敵に似せた像をつくり、それを焼いたり、埋めたり、虐待して、相手に危害を加えたり殺そうとすることがごくふつうに行われていた。火の神ヌスクを讃える賛歌に次のような一節がある。

わが姿に似せた像をつくりし者たち
わが息を奪い、わが髪を引き抜きし者たち
わが衣を引き裂き、わが足が大地を踏むを妨げし者たち
強き神、火の神よ、彼らの魔力を破りたまえ

しかし、バビロニアでもエジプトでも、こうした悪意と恨みを抱く者たちが操るまがまがしい呪術は、宗教の礼拝儀式にも取り入れられ、悪魔を混乱させ打ち負かすための立派な手段と化した。バビロニアの呪文では、呪術師がさまざまな悪霊の名前を延々と呼び上げ、その人形を火にくべる。人形が火の中で溶けてしまったら、悪魔も溶けて消滅すると信じていたのである。

相手に似せた像を用いた類感呪術あるいは模倣呪術が、不快な相手をこの世から追放するという悪意に満ちた目的で行われるのがふつうだったとしても、ごくまれにではあるが、逆に誰かをこの世に迎え入れるという慈悲にあふれた目的で行われることもあった。つまり、出産を楽にしたり、子どもに恵まれない女に子どもを授けるために、この呪術が用いられたのである。たとえば、ベーリング海峡のエスキモーの場合、息子が欲しいと願う子に恵まれない女はまじない師に相談する。まじない師は小さな人形のような像を自分でつくるか、その女の夫につくらせて、その像に秘密の儀式を行い、女にその像を枕の下に入れて眠れと指

示する。また、日本では、結婚しても子に恵まれない家には、近所の老婆がやってきて、その家の嫁に子どもを産ませる真似をする。そのときの赤子には人形を使う。マオリ族は赤子の形をした像を家の守り神にしていた。たいていは実物大の像で、入念にこしらえ、家宝の宝石で飾っていた。子に恵まれない女は母親になりたい一心で、その像に乳をふくませ、このうえなく優しい言葉をかけたのである。

古代のヒンドゥー教徒は黄疸の治療に、類感呪術をもとにした手のこんだ儀式を行っていた。その儀式の主眼は、もともと黄色い生き物や太陽のような黄色いイメージのものに病人の肌の黄色を追いやって、生きている活力の源ともいうべき赤牛から健康な赤い色を病人にもたらすことにあった。そのために、祭司は次のような呪文を唱えた。「太陽のところまで、汝の胸の痛みよ、汝の黄疸よ、飛んでいけ。赤牛の色で汝を包まん。赤き色で汝を包み、長き命を与えん。願わくはこの者を損なうことなく、黄色より解き放ちたまえ。これらの牛の神はロヒニなり。これらも赤き［ロヒニ］牛なり。そのあらゆる形と力のうちに汝を包まん。オウムのなかに、ツグミのなかに、汝の黄疸を封じ込め、さらにまたキセキレイのなかにまで、汝の黄疸を封じ込むなり」。祭司はこのように呪文を唱えながら、病人の黄ばんだ肌をすこやかなバラ色に染めるために、赤牛の毛を混ぜた水を病人にすすらせる。また、赤牛の背に注いだ水を病人に飲ませる。それから病人を赤牛の毛皮の上に坐らせ、その皮の切れはしを結びつける。さらに、病人の肌から黄色をすっかり拭い去って健康な色にするために、次のようなことをする。まず、ターメリックやクルクマといったウコン類の根（黄色い植物）でつくった黄色いどろどろした液を、病人の頭の先から足先まで塗りつけ、寝台に横たわらせる。そして、オウム、ツグミ、キセキレイの三羽の黄色い小鳥を、黄色の糸で寝台の脚に結びつける。それから病人の体に水をかけて、黄色いどろどろした液を洗い流してしまう。これでまちがいなく黄疸は小鳥に移ったことになる。それが終わると、祭司は病人の色つやに最後の仕上げをするために、赤牛の毛を金箔に包み、それを病人の肌に貼りつけるのである。

類感呪術の大きな長所の一つは、病人の身体の代わりに医術師の身体に治療をほどこせばよいということだ。病人は、目の前で医術師が苦しみにのたうちまわるのを見ているうちに、病苦や不快感があとかたもなく消えてしまう。たとえば、フランスのペルシュの農民たちは、吐き気がいつまでもおさまらないと、彼らの言い方では、胃袋が鉤からはずれて落ちてしまったような気がして苦しむ。そこで、その胃袋をもとどおり鉤にかけるために治療師が呼ばれる。治療師は病人の容態をきくと、自分の胃袋の鉤をはずすために、ただちに体を激しくねじ曲げる。それがうまくいくと、今度はその鉤をかけ直すために、ふたたび体をねじ曲げたり顔をしかめたりする。その様子を見ているうちに、病人はしだいに気分がよくなっていくのだ。この治療代が五フランという。

さらに、未開人の猟師や漁師は獲物がたくさん捕れるようにいろいろなことをするが、そこでも類感呪術、総じて共感呪術が大きな役割を果たしている。類似は類似を生むという原理に則《のっと》り、彼らは仲間とともに、求める結果を巧みに真似て多くのことをやり、その一方で、ほんとうに災いをもたらすものに多少似ているという理由で、多くのものを慎重に遠ざける。

カナダのブリティッシュコロンビアの先住民は、海や川にたくさんいる魚を主食にしている。漁期になっても魚がやってこないと、飢えることになる。そんなとき、ヌトカ族の呪術師は、泳いでいる魚の形をした模型をつくり、例年、魚がやってくる方向に向けてそれを水に入れる。この儀式を行いながら、魚が現れるようにと祈ると、たちどころに魚がやってくるというのだ。オーストラリアのトレス海峡にある島々の住民は、ジュゴンや海亀を模型で

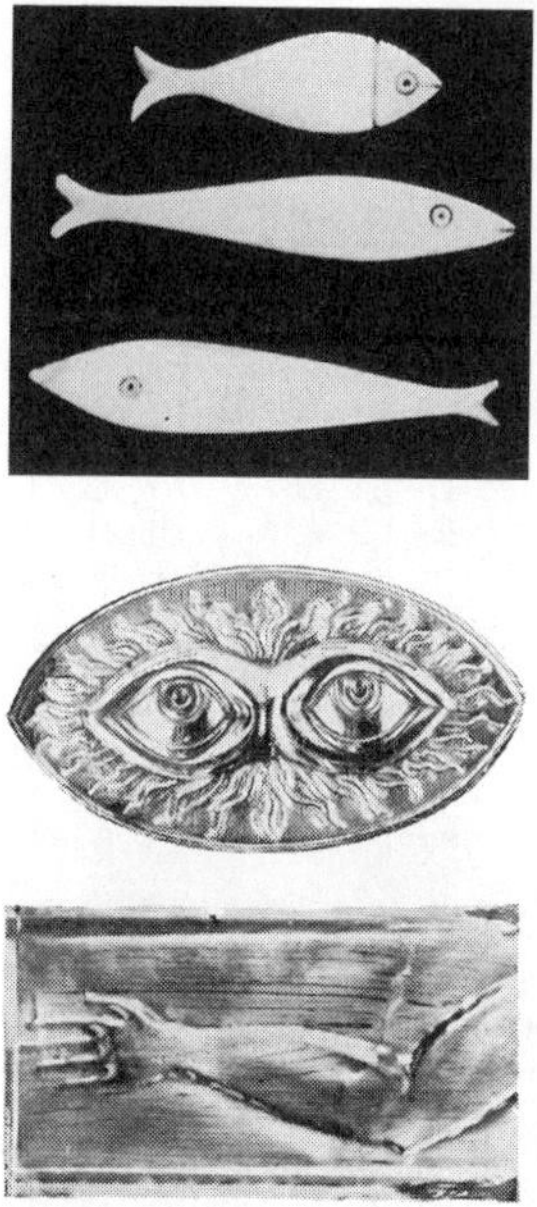

模倣呪術：類は友を呼ぶ　魚の模型は豊漁をもたらし、病気は、体の病んだ部分を健全な状態に描いたものを奉納すれば癒えるとされる。

（上）漁師が用いた魚の骨でつくった模型。19世紀にイングランドのグレートヤーマスから出土（オックスフォード大学ピット・リヴァーズ博物館所蔵）。

（中・下）病気治癒を願う銀製の奉納物。19世紀に地中海から出土（オックスフォード大学ピット・リヴァーズ博物館所蔵）。

誘って捕まえる。マレー人は、罠に餌をしかけて、ワニがかかるのを待っているあいだ、カレーを食べるときは、忘れずに最初にご飯を三口たてつづけに嚙まないで吞みくだす。こうすると、ワニの喉に餌が通りやすくなるからだという。また、カレーに入っている骨はけっして自分では取り出さない。取り出してしまうと、餌を刺してある先の尖った棒がはずれて、ワニが餌を食い逃げしてしまうからだ。そこで、カレーに骨が入っていると、猟師は用心して、食べる前に誰かにその骨を取り除いてもらう。さもないと、いつなんどき骨を吞み込んで喉にひっかけてしまうか、自分で取り出してワニを取り逃がすか、どちらかを選ぶはめになりかねない。

この掟は、類似が類似を生むことで、せっかくの幸運をだいなしにするのを恐れて、猟師がとらない行動の一例である。共感呪術というのは、肯定的な教えだけでなく、数多くの否定的な教え、すなわち禁止からも成り立っているからだ。何をすべきかだけでなく、何をすべきでないかを教えてくれる。肯定的な教えとはまじないであり、否定的な教えとはタブーである。現に、タブーの教えは、少なくともその大部分は、共感呪術の類似と接触という二つの原理を特別に応用したものにすぎないようだ。未開人はこれらの法則を言葉で明確に系統だてて表しているわけではなく、抽象的な概念として考えてすらいないが、人間の意思とはまったく無関係に自然の運行を操るのがこの二つの法則だと無分別に信じているのである。未開人は、もしある行動をとれば、必ずこの二つの法則のいずれかの力によって、ある結果がもたらされると考えている。そして、その特定の行動の結果が自分にとって好ましくなかったり危険だとわかれば、当然、その害を防ぐために、そうした行動はとらないように用心する。別の言い方をすれば、そうした行動をとらないように自制するのは、因果関係を誤解して、そうした行動が自分に害を及ぼすのだと誤って信じているのだ。要するに、まずタブーがあって、それに従うのである。したがって、タブーは実践的呪術の否定的な応用といえる。肯定的呪術または魔法は、「これこれのことが起きるように、こうしろ」ということであり、否定的呪術またはタブーは、「これこれのことが起きないように、こうするな」ということなのだ。肯定的呪術または魔法の目的は、望む結果をもたらすことにあり、否定的呪術またはタブーの目的は、望まない結果を避けることにある。そして、望む結果と望まない結果はともに、類似の法則と接触の法則によってもたらされると考えられる。しかし、呪術の儀式を行っても、実際には望む結果がもたらされないのと同じように、タブーを犯しても、実際には恐れていた結果にはならないのである。タブーを犯したら恐れていた災厄が必ず訪れるとすれば、そのタブーはもはやタブーではなく、道徳または常識の教えとなる。「手を火のなかに入れるな」というのはタブーではなく、常識の教えなのだ。禁止されている行動は、想像上の災厄をもたらすのではなく、実際の災厄をもたらすからである。つまり、いわゆるタブーと呼ばれる否定的な教えは、いわゆる魔法と呼ばれる肯定的な教えと同じように、なんの役にもたたない。この二つは観念連想を誤って考えた一つの重大な錯誤の両側面あるいは両極にほかならない。その肯定的な錯誤が魔法であり、否定的な錯誤がタブーなのである。理論と実践の両面を含めて、この錯誤の体系を呪術という総称で呼ぶならば、タブーは実践的呪術と定義できる。これを図式化すると、次のようになる。

- 呪術
  - 理論的呪術（疑似科学としての呪術）
  - 実践的呪術（疑似技術としての呪術）
    - 肯定的呪術（魔法）
    - 否定的呪術（タブー）

タブーおよびタブーと呪術の関係について特に説明してきたのは、このあと、猟師や漁師、その他の人々が守ってきたタブーの実例をいくつかあげ、それらが共感呪術の部類に入るもので、その一般的な考え方を応用したものにすぎないことを明らかにしたかったからだ。たとえば、ガレアリーズ族の掟では、釣り上げた魚に釣り糸がからんでも、切ってはならないとされている。もし切ってしまうと、次に魚釣りにいったとき、必ず釣り糸が切れてしまうというのだ。カナダのバフィン島のエスキモーの場合、男の子があやとり遊びをするのを禁じているが、これは、子どものときあやとり遊びをすると、おとなになってから銛綱《もりづな》に指がからまりつくからだそうだ。こうしたタブーは明らかに、共感呪術の基本にある類似の法則を適用している。つまり、子どものとき糸を指にからませるあやとり遊びをすると、おとなになってクジラを捕るとき銛綱に指がからまるというわけだ。また、カルパティア山脈の北東の森林地帯に住むフツル族の猟師の妻は、夫が狩りをしているあいだは糸を紡いではならない。さもないと、獲物が紡錘《ぼうすい》のようにぐるぐるまわって、猟師である夫は仕留めることができないという。このタブーも明らかに類似の法則に則っている。さらに、古代イタリアの多くの地方では、女が公道で歩きながら糸を紡いだり、おおっぴらに紡錘を持ち歩くことすら法律で禁じていた。そうした行動が作物に害を及ぼすと信じられていたからだが、これはおそらく、紡錘がぐるぐるまわると、穀物の茎がねじれて、まっすぐに伸びないと考えたためだろう。同じように、サハリンのアイヌの場合も、妊娠している女は、出産の二ヵ月前から糸を紡いだり縄をなったりしてはいけない。この掟を破ると、生まれてくる赤ん坊の腸がねじれてしまうと思っているからである。

類感呪術や模倣呪術の原理を有益に応用しようとした的はずれな工夫が数多くあるが、収穫の季節になると樹木や植物に実を結ばせようとする工夫もそうである。イギリスの著名な作家トマス・ハーディ氏は、ウェイマス近くにある自宅の前の木々が茂らないので不審に思っていると、それはあなたが朝食を摂る前の空腹な状態でその木々を見たからだといわれたそうだ。ヨーロッパの多くの地方では、踊ったり、宙に高く跳び上がったりすれば、作物を高く実らせる類感的な効果があると考えられている。たとえば、フランスのフランシュ＝コンテ地方では、謝肉祭で踊らなければ麻が高く生育しないといわれている。あるカトリックの司祭がオリノコ川流域の先住民に、灼けつくような日が照っているなかで、乳飲み子を抱えた女に畑で種まきをさせるのはよくないと忠告すると、彼らはこう答えたという。「神父さま、あなたはわけをごぞんじないから、そうやって腹をたてなさるのです。女は子を産むように生まれついているが、男は違います。だから、女が種をまくと、トウモロコシには穂が二つも三つもなり、ユッカの根は籠に二杯も三杯もとれるし、なんでも収穫が増えるのです。そのわけは簡単です。女は子を産むすべを知っているし、まいた種を実らせるすべを知っているからです。だから女に種をまかせてやってください。種まきについては、私ら男は女ほどわかってはいないのですよ」。ブラジルのトゥピナンバ族が、男の植えたアーモンドは育たないと考えていたのも、おそらくこれと同じ理由からだろう。

このように、類感呪術の考え方に立てば、人間は自分の行動や状態のよしあしによって、植物によい影響も悪い影響も与えることができる。たとえば、たくさんの子どもに恵まれた女は植物の実りを豊かにし、子どものできない女は植物に実りをもたらすことができないのだ。数々の禁止や回避の掟は、人間の特定の資質や特定の現象には有毒で伝染する性質があるという信仰から生まれたのである。好ましくない状態あるいは条件にある人は、類感によって大地の実りにその状態が感染するといけないので、行動を控えるのである。そうした自制の慣習や回避の掟はすべて否定的な呪術ないしタブーの例なのだ。

模倣行動：類は友を呼ぶ
(上) マンダン族のバッファローの踊りは、バッファローの群れが現れるまで踊りつづけた。C・カトリン『北米先住民画集』(1845年、オックスフォード大学、ボドリアン図書館所蔵)。
(下) 南アフリカのブッシュマンの岩絵。女たちが、男たちの狩りの獲物に扮して踊っている。G・ストウが模写したもの (1868年、オックスフォード大学、ボドリアン図書館所蔵)。

これまでにあげた実例では、人間は類感によって植物に影響を与えることができるとしている。よい影響にしろ悪い影響にしろ、自分に似ていたり、自分がもっている本来の性質や付随的な性質を樹木や植物に感染させるのである。しかし、類感呪術の原理からすると、こうした影響は相互的なものとなる。つまり、人間が植物に与えるのと同じくらいの影響力を、植物も人間に与えるというわけだ。物理学では作用と反作用は等しい大きさで相反するものだが、呪術でも同じなのである。アメリカ先住民のチェロキー族は類感療法のたぐいの実用的植物学に精通している。戦士たちが出陣する前に、まじない師が一人ひとりに呪文をかけた小さな根を与えていた。それがあれば、戦士は不死身になれるというのだ。戦いの前夜、戦士は流れで身を浄め、根の端を嚙んで、その液を自分の体に吐きかける。そうしておけば、弾が当たっても、水滴のように肌をすべり落ちるという。こんなことでほんとうに防弾になるのだろうかと疑わしく思う読者もいるだろう。それに、嘆かわしくも、今日はなんの役にもたたない不毛の懐疑主義がはびこっている。だが、このまじないの効力は南北戦争のときに実証された。三百人のチェロキー族が南軍に加わったが、実戦で負傷した者はまったくといっていいほどいなかったからだ。

さらに、動物は人間に役だつ資質や性質をもつとされることも多く、類感呪術または模倣呪術は、その性質をさまざまなやり方で人間に移そうとする。たとえば、アフリカ南部のベチュアナ族にはイタチの一種フェレットをお守りとして身に着ける者がいるが、それは、この動物がなかなか死なないので、それにあやかろうとするからだ。同じ理由から、昆虫の足をもぎとって生きたまま身に着ける者もいる。東アフリカのワジャッガ族は、ハゲワシの翼の骨片を脚に縛りつけておけば、大空を疲れも知らず飛びまわるハゲワシのように、自分もいくら走っても疲れないと考えている。バフィン島のエスキモーは、男の赤ん坊にキツネの腸の一部を足で踏ませると、薄い氷の上をキツネのようにすばやく巧みに歩けるようになると思っている。また、インドのある古書には、戦いに勝つためにいけにえを供えるときは、その祭壇をつくる土は、イノシシが転がりまわっていた場所からとってくるべしと定めている。そこの土にはイノシシの精力がこもっているからだという。

植物や動物ばかりでなく無生物も、それが本来もっている性質と、呪術師が幸いまたは災いの流れを水道のように出したり止めたりする術とによって、まわりに祝福または害毒をまきちらす、と類感呪術は考える。サマルカンドでは、母親は赤ん坊に砂糖菓子を与えてしゃぶらせ、手のひらをべたべたにさせる。それは、その子が大きくなったとき、優しい言葉を話すようになり、貴重なものが手にくっついて離れないようにと願ってのことなのだ。ギリシア人は、狼に喰い殺された羊の毛でつくった服を着ると、肌がちくちくしたり、痒くなったりすると考えていた。また、犬の噛んだ小石をブドウ酒のなかに落とし入れると、そのブドウ酒を飲んだ者たちが仲違いするとも考えていた。

類感呪術が活用しようとするものの一つに、月の満ち欠け、昇る太陽や沈む太陽、星、海といった自然の偉大な力がある。たとえば、ヒンドゥー教の古書には、花婿と花嫁は、結婚式の当日、日が沈んでから空に星がまたたくまで、口をきいてはならぬという掟が記されている。北極星が現れると、花婿は指さして花嫁に教え、北極星に向かっていう。「汝は不動なり。われ汝を見る、不動なるものよ。汝、われとともに不動なれ、おお、栄《は》えあるものよ」。それから花嫁のほうを見て、いう。「祭司ブリハスパティが汝をわれに与えたもうた。汝が夫たるわれによって子を産み、百秋までもわれとともに暮らさん」と。この儀式のもつ意味は明らかに、この恒星の不動の力にあやかって、移ろいやすい運命や不安定な地上の幸福を不動のものにしようとすることにある。それはキーツの十四行詩（ソネット）にも表れている願いである。

輝ける星よ、私もそなたのように不動でありたいものだ——夜空にかかる華麗な孤高の姿にはとても及ばざれど。

ヨーロッパには今でもこれと同じような幻想を抱いている人々がいる。たとえば、スペインのカンタブリアの海岸地方では、慢性疾患や急性疾患で死ぬ者は、海の潮が退きはじめたとたんに息をひきとると考えている。

感染呪術

ここまで検討してきたのは主として、同じ共感呪術でも、類感呪術または模倣呪術と呼ばれるものである。この種の呪術の中心原理は、すでに述べたように、類似が類似を生む、あるいは別の言い方をすれば、結果は原因に似る、ということだ。共感呪術には、もう一つ「感染呪術」と呼ばれるものがあり、それは次のような考え方に根ざしている。かつて結合していたものは、その後、互いにまったく離ればなれになったとしても、共感的な関係が続き、一方にたいして起こったことは、他方にたいしても同じ影響を与えるということである。このように、感染呪術の論理的根拠は、類感呪術と同じく、誤った観念連想にあり、物質的根拠というものがあるとすれば、それもやはり類感呪術と同じく、ある種の媒介物質で、それは近代物理学のエーテルのように、隔たった物体を結合し、その作用の結果を一方から他方へ伝えるとされる。この感染呪術で最もよくある例は、毛髪や爪といった、ある人間の体の一部だったものとその人間とのあいだに存在するとされる呪術的共感である。したがって、そうした毛髪や爪を手に入れた者は、どんなに遠く離れたところからでも、そのもとの持ち主を自分の意のままに操ることができる。こうした迷信は世界のいたるところにみられる。毛髪と爪にまつわる迷信の例はあとで示すが、この迷信も、ほかの迷信と同じよう

感染呪術：吉凶を問わず部分は全体を表す　聖者の遺物、その体または衣服の一部に触れると、その聖者自身が行ったのと同じ霊験をもって、信者を癒したり助けたりする。
仏舎利の入った銀製の箱。チベットから出土。E・M・スクラットン・コレクション（ダーラム、ガルベンキアン東洋美術館所蔵）。

に、有害でばかげた結果をもたらしたものの、その一方で、間接的にだがかなりよい影響ももたらした。すなわち、合理的な根拠があって取り入れたのではないにしても、清潔という掟を守ろうとする不合理ではあるが強い動機を未開人に与えたのである。迷信がどのようにしてこうした有益な影響を生んできたか、その一例として、ある経験豊富な観察者の言葉を取り上げてみよう。ニューブリテン島のガゼル半島の原住民の例だが、「まじないの効果をあげるには、まじないをかける相手の体の一部（たとえば髪の毛）、衣服の一部、または食べ残し、唾、足跡などといった、その人物となんらかの関係のあるものを手に入れることが原則として必要である。これらのものは、呪文を唱えながら手にもった焼石灰を空中にまくパパイバナイ（まじないの媒介物）として用いられる。したがって、原住民がこれらのものをできる

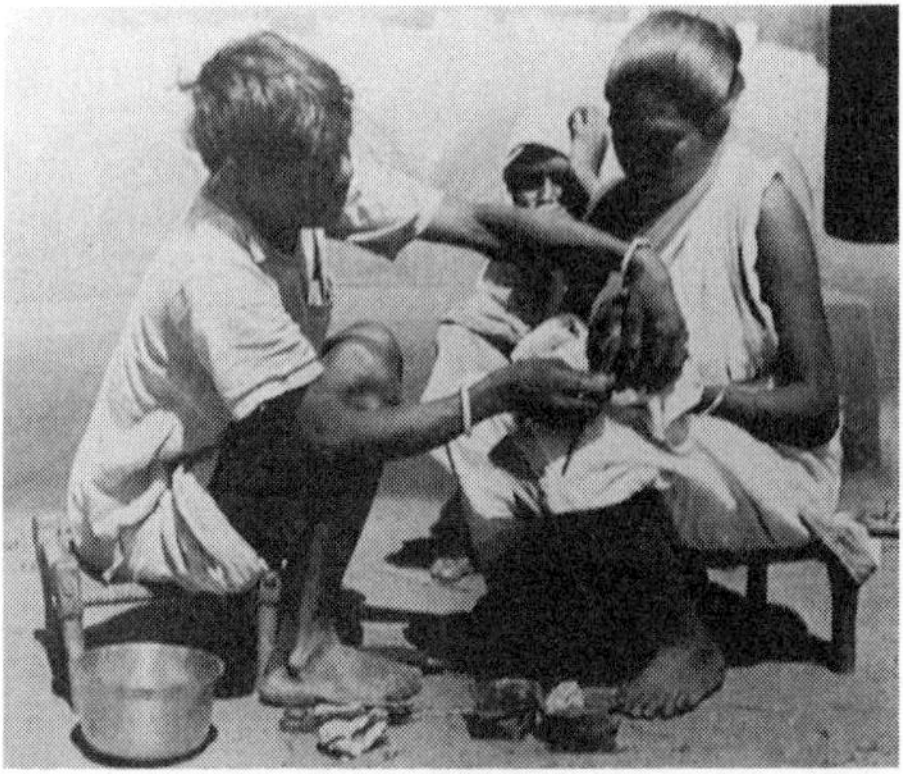

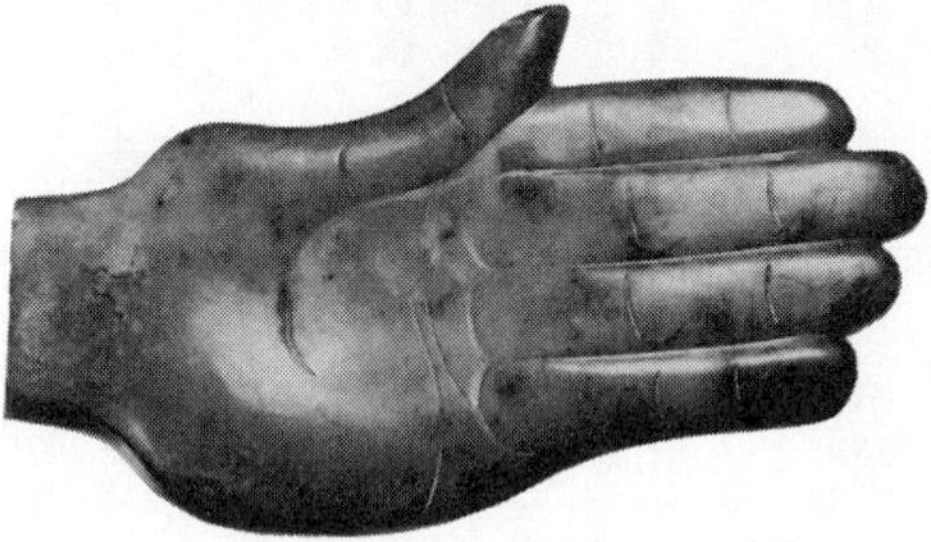

（上）かつてある人物の一部だったものにまじないをかけると、その人物に災いが降りかかる。そこで、インドのサンタル族は、幼児の髪の毛をはじめて剃るとき、儀式を行い、剃りとった髪の毛は用心して捨てる。写真：W・G・アーチャー
（下）この世で体の一部を失うことがその人にとって危険なことであれば、あの世でもそうなる。そこで、中国では、生前、罰として手足を切断された者は、その失った手足の代わりに硬玉でつくったレプリカを埋葬する。硬玉の手のレプリカ。中国で出土。3～4世紀のもの。サー・チャールズ・ハーディング・コレクション（ダーラム、ガルベンキアン東洋美術館所蔵）。

だけ残しておくまいとするのはいうまでもない。だから、家のなかをいつも清潔にして、毎日ていねいに床を掃除するのは、けっして彼らがきれい好きだからではなく、悪意を抱く者にまじないの道具にされるようなものを片づけようとしているにすぎないのである」。それでは、感染呪術の原理について、まず人体のさまざまな部分を対象にした例をあげて説明しよう。

体の部分で、体から切り離されたあとも、体と共感的につながっていると信じられているものに、臍の緒と後産がある。この共感的なつながりは非常に密接なので、その人が幸運な人生を送るか不運な一生になるかは、この臍の緒か後産のいずれかによって左右されると考えられることが多い。そこで、臍の緒か後産をとっておいて、粗末に扱わなければ、その人は栄えるが、粗末に扱ったりなくしたりすれば、悪いことが起きると信じられているのだ。たとえばマオリ族の場合、赤ん坊の臍の緒が落ちると、その子を祭司のところへ連れていって、厳かに命名してもらう。その命名の儀式に先だって、臍の緒を聖なる場所に埋めて、その上に一本の若木を植える。その後ずっと、その木をその子の命のしるし（トフ・オランガ）として生長を見守るのである。

中国のある医学書には次のように記されている。「子どもが必ず長生きできるように、その子の胎盤は天または月のよい影響が及ぶ適切な場所に、地中深く埋めて、その上に土を入念にかぶせなければならない。もしその胎盤を豚か犬が掘り出して食べてしまったら、その子は知恵を失うだろう。昆虫か蟻が食べてしまったら、その子は腺病質になるだろう。カラスかカササギが食べてしまったら、その子は急死するか変死するだろう。胎盤を火にくべてしまったら、その子には膿の出るはれものができるだろう」。また、日本人は臍の緒を大切にとっておいて、死んだときに、遺骸とともに墓に埋める。

感染呪術の原理が応用された変わった例として、傷を負った者と負わせた者とのあいだにあると広く信じられている関係がある。加害者が引き起こしたことや加害者の身に起こったことは、よいことであろうと悪いことであろうと、被害者の身にもそれに応じた影響を及ぼすというのだ。たとえば、プリニウスが述べているように、もし誰かを傷つけてしまい、それをすまないと思ったら、その傷を与えた手に唾を吐くだけで、相手の苦痛はたちどころに和らげられるそうだ。

イギリスのサフォークでは、鉈《なた》や鎌で怪我をしたら、その刃物をいつもぴかぴかに研《と》いで、油を塗っておけば、傷口が化膿しないといわれている。また、手に棘が刺さったら（彼らは「藪が刺さった」という言い方をする）、抜きとった棘に油を塗る。ある男が炎症を起こした手を診てもらいに医者のところへいった。垣根の手入れをしていて棘が刺さったのだが、医者から化膿しているといわれて、男はこういったものだ。「そんなはずはないですよ。抜いた藪にちゃんと油を塗っておきましたから」。

人間とその衣服のあいだにも呪術的共感が存在するので、まじないをかける相手の着てい

占い師
南アフリカのバスト族の占い師。20世紀初頭の写真（キンバリー、アレクサンダー・マクレガー記念美術館、ダガン・クローニン・ギャラリー所蔵）。

た服さえあれば、まじない師は相手を意のままにできると信じられている場合もある。ギリシアの詩人テオクリトスの詩に出てくる魔女は、つれない恋人を自分の愛で溶かしてしまおうと、蠟でかたどった恋人の像を溶かしながら、彼が自分の家においていった服の切れはしを忘れずに火にくべた。また、呪術は、人間の衣服や体の一部だけでなく、砂の上に残された跡によっても、その人間に共感的な影響を与えることができる。ことに足跡に害を加えることで、その足跡をつけた人物の足を傷つけることができるという迷信は、世界にあまねくみられる。たとえば、オーストラリア南東の原住民は、足跡に石英、ガラス、骨、木炭などの尖った先を突き刺せば、その人の足を不自由にできると信じている。リウマチの痛みはこうして起こると考えていることが多い。ピタゴラス学派の格言に、朝起きたとき、夜具の上に残った体の跡をきれいに消しておくべしというのがある。この格言は、まじないを防ぐためにほかならず、昔の人がピタゴラスの教えだとしているさまざまな迷信的格言の一つだが、実際には、この哲学者の時代をはるかに遡るギリシア人の未開の祖先たちにはおなじみのものだったのである。

呪術師の変遷

共感呪術の一般的な原理についての検討はこれで終わりにしたい。これまでに示してきた実例は、そのほとんどが私的呪術と呼ばれるもので、個人に幸いや災いをもたらすために行われる呪術儀式やまじないである。しかし、未開の社会にはふつうこれに加えて、いわゆる公的呪術、すなわち共同社会全体のために行われる呪術も広くみられる。この種の儀式が公益のために行われているところでは、呪術師はもはや単に個人的にまじないをかけるのではなく、ある程度公的な役目も担うようになる。このような公的な役

エドワード朝のイングランドの占い師。ジョン・ジョンソン・コレクションの片面刷りの印刷物（オックスフォード大学、ボドリアン図書館所蔵）。

目を担う階級が発達することは、社会が宗教的に発展するだけでなく政治的に発展するうえでもきわめて重要である。なぜなら、民族の安寧《あんねい》がこれらの呪術儀式によって左右されるとなると、呪術師は大きな影響力をもち、信望を得る立場になり、首長とか王といった地位と権威を手に入れやすくなるからである。

こうして、呪術という公的な職能は、未開社会の基盤に影響を与えることで、諸事の支配を最も有能な人物の手に委ねる傾向をもたらした。多数の人によって力の均衡が保たれていたのが、一人の人間が力をもつようになり、君主制が民主制に取って代わったのである。民主制というよりは長老たちによる寡頭制《かとうせい》といったほうがよいかもしれない。一般に未開社会というのは成人男子全体で支配しているのではなく、長老会議が支配しているからである。それはともかく、こうした変化は、その原因がなんであれ、古代社会を誰が支配していたにせよ、全体としてみればきわめて有益な変化であった。君主制の誕生は人類が未開の状態から抜け出すための必須条件だったと思われるからだ。人類の歴史で、民主的な未開人ほど慣習と伝統でがんじがらめになっている人々はなく、その結果、そのような状態の社会は進歩が遅れ、進歩しにくいものだからである。

したがって、文明化に向かって大きく第一歩を踏み出したのが、エジプト、バビロニア、ペルーといった独裁的な神権政体のもとだったのも、けっして偶然ではない。こうした最高の支配者が王にして神という立場から人々に盲目的忠誠を求め、それを受けていた古代の独裁制こそ、人類の最良の友であり、また、逆説的に聞こえるかもしれないが、自由の最良の友だといっても過言ではない。結局のところ、一見自由でありながら、生まれてから死ぬまでその人の運命が伝統的な慣習という鋳型《いがた》にはめ込まれてしまっている未開人の暮らしよりも、むしろ最も絶対的な独裁制や最も暴虐な圧政のもとのほうが、最も自由らしい自由――つまり、自分でものを考え、自分の運命は自分できめる自由――が多いといえるのである。

だから、呪術という公的職能は、最も有能な人間が最高権力の座に就く手段の一つだったことで、人類を伝統の枷《かせ》から解放するのに貢献し、人類はもっと広い世界観をもって、もっと自由な暮らしができるようになったのである。この変化が人間にもたらした貢献はけっし

呪術から宗教へ　キリスト教の牧師や司教も、原始社会の呪術師と同じように、信者を守る力をもち、その力は位階を示すものに表される。司教の冠は「聖霊」の火を表し、十字架は災いを制圧する勝利を表す。元カンタベリー大主教マイケル・ラムゼイ博士。オタワのカーシュによる肖像写真（ロンドン、カメラ・プレス）。

て小さくはない。そして、呪術には科学への道を切り開いた一面もあることを思い起こせば、たとえ黒魔術が多大の災いをもたらしたとしても、同時に多くの善をもたらす源であったことを認めざるをえない。また、黒魔術が誤った考えから生まれたものだとしても、自由と真理を生んだ母であったことも認めざるをえないのである。

第四章　呪術による天候の支配

ここまで二つの異なるタイプの人間神、すなわち人間の姿をした神について考察してきたが、それに辛抱強くつきあってきてくださった読者はおわかりかもしれないが、われわれは知らず知らずのうちに呪術の迷路に落ち込んでしまった。二つのタイプの人間神とは、便宜上、宗教的人間神と呪術的人間神とに区別して考えるとわかりやすい。宗教的人間神とは、人間とは異なり人間よりも優れた次元にある存在が、期間に長短はあるが、人間の姿をした神になり、奇跡や予言によってその超人間的な力や知識を示すとされる。その奇跡や予言は、その神の化身が宿った肉体を通して行われるのである。したがって、これは霊感型あるいは化身型の人間神と呼んでもよい。このタイプの人間神では、人間の肉体は神聖なる永遠の命をもつ霊で満たされた脆い土の器にすぎないのだ。一方、呪術型の人間神とは、たいていの人間が大なり小なりもっていると自称するもろもろの力が並はずれている人間にほかならない。つまり、未開社会ではどんな人間でも多少は呪術に手を染めているからだ。このように、前者の霊感型の人間神が、土の器というさえない仮面の裏に神々しい輝きをあえて隠してしまった神から神格を受けているのにたいして、後者のタイプの人間神は、なんらかの形で自然と物理的に共感することで、その並はずれた力を引き出しているのである。この呪術型の人間神は神の霊を受ける単なる容器ではない。肉体も魂も含めたその全存在が森羅万象と微妙な調和を保っていて、手を触れただけで、あるいは頭をまわしただけで、万物に共通の自然体系を揺るがす振動をまき起こすほどであり、また、その逆に、ふつうの人間ならまったく感じないほどかすかな環境の変化も敏感に感じとるのである。しかし、この二つのタイプの人間神を、理屈のうえではっきりと一線を引いて区別することはできても、実際上はその境界線を正確に見きわめるのはまず無理であり、あえて見きわめようとした結果がどうなるかは、しつこく述べるまでもない。

すでに述べたように、呪術は個人のために行われることもあり、また共同社会全体のために行われることもあるが、この二つの目的のいずれに用いられるかによって、私的呪術と呼ばれたり、公的呪術と呼ばれたりする。さらに、前に指摘したように、公的呪術師はきわめて大きな影響力をもつ立場にあるので、抜け目がなく有能な呪術師であれば、その立場を利用して、一歩また一歩と権力の階段を登って、首長または王の地位まで昇りつめることもある。したがって、公的呪術について検討すれば、原始的な王権を解明する一助になるだろう。未開社会にあっては、多くの首長や王が呪術師としての名声によってその権威を保っていたと思われるからである。

公共の利益のために呪術を用いることがある場合、その目的として最も重要なのは食料を十分に供給するということだ。猟師、漁師、農夫といった食料の供給者たちはすべて、もちろん個人として、自分自身の利益のために、呪術の力を借りてその職能を果たす。だが、呪術師という特殊な階級が生まれるようになって、大きく一歩前進したのである。つまり、おおぜいの人が個人的な立場を離れて、その特殊技術によって共同社会全体に貢献するというはっきりした目的をもつようになり、その特殊技術を病気の治療、未来の予測、天候の調節といったさまざまな公共の利益のために向けるようになったのだ。

呪術による降雨の支配

呪術師が部族のためにおおやけに率先して行うことで、最も重要なものは天候の支配、とりわけ適度の降雨を保証することだ。水は生命になにより欠かせないものであり、大多数の国では、水の供給は降雨に頼っている。雨が降らなければ、植物は枯れてしまい、動物や人間は弱って死んでしまう。そこで未開社会では、雨乞い師《レイン・メーカー》がきわめて重要な存在となる。そして、雨という形の水の供給を調節する役割を果たす特殊な階級の呪術師が生まれる。そうした呪術師がその任務を果たそうとしてとる方法は、必ずとまではいわないまでもおおむね、類感呪術あるいは模倣呪術の原理に基づいたものだ。雨を降らせようとするときは、水をふりかけたり雲の物真似をしたりして、雨を降らせる真似をする。また、雨をやませて晴天にしようとするときは、いっさいの水を避け、暖気と火の力を借りて、多すぎる湿気を払おうとする。こうしたやり方で雨乞いをするのは、たとえばオーストラリアの中央部とかアフリカの東部や南部の一部の地域のように、何ヵ月ものあいだ雲ひとつない青空から灼けつくような太陽が、乾ききってひび割れた大地に照りつける灼熱の地で、裸で暮らす人々だけだろうと、なまじ教養ある読者たちは想像するかもしれないが、けっしてそうではない。もっと湿潤な気候に恵まれたヨーロッパで暮らす、はためには文化程度が高くみえる人々のあいだでも、こうしたやり方はよく行われていたし、今も行われているのである。

アフリカ南東部のアンゴニア高原の住民は、雨が降るべき季節に雨が降らないと、雨の宮と呼ばれる場所に集まってくる。ここでまず住民たちが草を刈りとると、長老が土に埋めた壺に酒を注ぎ、こう祈る。「われらに心を無情にし給うた主なるチャウタよ、汝われらに何をなさしめ給うや。われらまことに死に絶えんとす。願わくは汝の子らに雨を与え給え。さればわれら汝に酒を捧げまつらん」。そのあとで、全員で残った酒を飲み、子どもたちにもすすらせる。そして、てんでに木の枝を手に、雨乞いの歌をうたいながら踊る。それから村へ戻ると、老婆が水を張った器を戸口に用意してあるので、彼らは持ち帰った木の枝をその水に浸し、水滴があたりにまき散らされるように高々と振りまわすのである。こうすれば雨が必ず厚い雲に乗ってやってくるというのだ。こうした慣習には宗教と呪術が混在しているのがわかる。水に浸した木の枝で水滴をまき散らすのは紛うかたなく呪術儀式であり、一方、雨乞いを祈願し、酒を捧げるのはまさしく宗教儀式だからである。ラオスでは、新年を祝う祭りが四月の中旬に行われ、三日間続く。花で飾り、イルミネーションをほどこしたパゴダに人々が集まってくると、僧侶が儀式を行う。大地の豊穣を祈願するところにさしかかると、信者たちがパゴダの床にいくつもあけられた小さな穴に水を注ぐ。この水は雨の象徴で、田植えの季節に水田に雨を降らせてほしいと仏陀に祈願するのである。

興味深いことに、原始的なものの考え方からすると、これとは正反対の結果を願う地方では、天気師《ウエザー・ドクター》はまったく逆の行為をしなければならない。すなわち、豊かに茂る植物から雨の多い地域であるとわかる熱帯のジャワ島では、雨乞いの儀式はきわめてまれで、一方、雨を降らせない儀式はよく行われる。雨季に入ってから盛大な祝宴を計画し、おおぜいの客を招くことにした人は、まず天気師のところへいって、「雲がたれ下がってきそうだから押し上げてほしい」と頼む。その依頼を引き受けた天気師は、依頼者が帰るとすぐに、ある掟に従って自分の行動を律しはじめる。つまり、天気師はまず断食をしなければならず、水を飲むことも水浴もしてはならない。ほんの少量の食べ物を摂ることは許されるにしても、乾いたものしか口にできないし、水には絶対に触れてはならない。一方、依頼者のほうも、男女を問わず主従ともども、祝宴が続いているあいだは、衣服を洗うことも身体を洗うことも許されず、厳格に禁欲生活を送らなければならない。天気師は、祝宴が始まる少し前に、自分の寝室に新しい敷物を敷いて、その上に坐り、小さな油灯を前にして、次のような祈禱もしくは呪文をつぶやく。「わが祖父にして祖母なるスロエコエルよ」（この名前は適当に選ぶらしく、ほかの名前で呼びかけることもある）。「汝の国へ帰れ。アッケマトこそ汝の国なれ。汝の水桶をおき、その口を固く閉ざし、一滴たりとも水をこぼすことなかれ」。こう唱えているあいだ、天気師は天を仰ぎながら香を焚きつづけるのである。

ヨーロッパの南東部には、現在でも、前述の事例と同じような考え方に根ざした雨乞いの儀式がみられる。たとえば、ギリシアのテッサリアやマケドニアでは、旱魃が長く続くと、行列をつくった子どもたちに近隣の井戸や泉をくまなくまわらせる慣習がある。その行列の先頭に立つのは花で飾った少女で、ほかの子どもたちは雨を祈願する歌をうたいながら、行進がとまるたびに、その少女に水をかけるのである。インドのプーナでも同様で、雨を願うとき、少年たちが仲間の一人を木の葉だけで飾りたて、「雨の王《ムルジ・ラジャ》」と呼び、村の家々をまわる。少年たちがやってくると、その家の主人か主婦が「雨の王」に水をふりかけ、一行にいろいろな食べ物を与える。こうして全部の家をまわり終わると、少年たちは「雨の王」から木の葉の衣をはぎとり、もらってきた食べ物を食べて楽しむ。

こうした儀式とはまったく様相の異なる雨乞いもある。特に旱魃が長く続き、気分が苛立ってくると、人々がそうした手段に訴えることもある。その場合、人々は、いつもの模倣呪術によるまじないをいっさいやめてしまう。怒りのあまりに、祈禱で息を吐くのも無駄だというのだ。超自然の存在が天から降る水をいわば源から断ってしまったのだとして、彼らは脅しの言葉を吐いたり、悪態をついたり、ときには直接、力に訴えてまで、超自然の存在から天の水を奪いとろうとする。

中国人は、神の国を自在に操るわざにたけている。たとえば、雨を願うときは、雨の神を表す巨大な竜を紙か木でつくり、行列を組んでその張り子の竜を引きまわす。それでも雨が降らないと、張り子の竜をのろって、ずたずたに引き裂いてしまう。あるいはまた、雨を降らせてくれないこの神を脅し、打ちすえることもある。さらには、公然と神の地位から引きずりおろすときもある。その代わり、願いどおり雨を降らせてくれたら、勅令によってこの神をもっと高い地位にたてまつるのである。一七一〇年ころ、南京の崇明島が旱魃に見舞われた。雨乞いのときは、香木を焚いて竜神の心を和らげようとするのがふつうのやり方だが、それが効を奏さなかったので、南京の太守は竜神にこう告げた。これこれの日までに雨を降らせてくれなければ、汝をこの町より追放し、汝の寺院を打ち壊すと。だが、この脅しも無情な神には通じず、その猶予期間が過ぎても雨は降らなかった。腹をたてた太守はこの非情な神の寺院に人々がそれ以上供物を捧げるのを禁じ、寺院を閉じて扉に封印をせよと命じた。これはたちまち望みどおりの効果をもたらした。糧の道を断たれた竜神は無条件降伏するよりほかなかった。数日で雨が降り、竜神は信者たちからふたたび敬愛されるようになったのである。

ギリシア人やローマ人も、ほかの民族と同様、行列を組んで祈願してもききめがないとわかると、呪術による雨乞いをした。たとえば、アテナイの人々は「四季の神」にゆでただけで焼いてない肉を供えて、日照りや乾ききった暑さをもたらさず、ほどよく温暖で、降るべきときに雨を降らせてほしいと祈願した。これは宗教と魔術、供犠と呪術が混じりあった興味深い例である。アテナイの人々は、肉をゆでた鍋の水が肉と一緒に神々に運ばれ、雨という形で戻ってくるのだと思っていたのだ。ギリシア人は、これと同じような気持から用心して、太陽神の祭壇にはけっしてブドウ酒を注がず、必ず蜂蜜を注ぐのを決まりとしていた。それには実にもっともな理由があり、これほど頼りにしている神にはいつもしらふでいてもらうのが得策だというのである。

ギリシア人がその用心深さと敬虔な信仰心から太陽神に禁酒の掟を課したことからわかるように、未開人は自然現象をある程度は自分で支配でき、自分の努力次第でどうにでもできると思っている。呪術師は、雨を降らせることができると思っているばかりでなく、太陽を輝かせることもできるし、太陽が沈むのを速めたり止めたりすることもできると思っている。北米先住民のオジブワ族は、日食のときは太陽の火が消えたと思っていた。そこで、消えていく太陽にふたたび火をつけようとして、火をつけた矢を空に向かって放った。ペルー東部のセンシ族も、日食のときは火をつけた矢を太陽めがけて射ったが、これは太陽の明かりをふたたびともらせるためというよりは、太陽が野蛮な怪獣と闘っているのだと考えて、その怪獣を追い払うためであった。太陽を輝かせるのと雨を降らせるのにまったく逆のやり方をすることもある。たとえば、チモールでは、日を照らせるには赤か白のいけにえを捧げ、雨を降らせるには黒いいけにえを捧げる。また、ニューカレドニア島には雨を願うときは骸骨を水に浸け、日光を願うときは骸骨を燃やす人々がいる。

ペルーの山岳地帯に霧がたれこめると、先住民の女たちは胸に着けた銀や銅の飾りを鳴らし、霧に息を吹きかけた。そうすることで霧が消散して、太陽が顔をのぞかせると思っていたのだ。塩を燃やしたり、灰を空中にまくのも、これと同じ効果をもたらすとされた。プラハのヒエロニムスは、十五世紀の初め、異教徒の国リトアニアを旅したとき、太陽を崇拝し、大きな金槌を崇める部族に出会ったという。祭司たちの話では、数ヵ月ものあいだ太陽が姿をみせなかったことがあり、それは強大な王が太陽を堅固な塔に閉じ込めてしまったからだそうだが、黄道十二宮の神が金槌で塔をたたき割り、太陽を救出したので、その金槌を崇めるようになったという。

王としての呪術師

以上にあげた実例が示すように、多くの国、多くの民族が人間のために自然の強大な力を呪術で支配しようとしてきたと考えてもよいだろう。もしそうだったとしたら、人々が呪術を行う者たちの途方もない自負を信じて疑わない社会では、呪術師が必ずや貴重な地位を占め、影響力をふるう存在となるにちがいない。彼らが名声を博し、人々に畏怖を起こさせることで、なかには最高の権威をもつ地位に就き、信奉する人々を支配するようになる呪術師が現れても驚くにあたらない。事実、呪術師が首長や王に成り上がったことも多かったようだ。

アフリカには、呪術師、それもとりわけ雨乞い師が首長になる例が比較的多い。たとえば、東アフリカのバンツー系種族のワムブグ族の場合、その統治形態はもともと家族共和制だったのが、呪術師の絶大な力が世襲され、やがて呪術師を小領主や首長の地位へと押し上げていった。一八九四年、この地方にいた三人の首長のうち、二人までが呪術師として畏《おそ》れられていた。彼らはおびただしい数の家畜を所有していたが、そのほとんどが呪術師としての働きにたいする贈り物として捧げられたものだった。彼らが行う最大の術が雨を降らせることだった。同じく東アフリカの別の部族、ワタトゥル族の首長は、政治的な影響力をもたない単なる魔術師にすぎないといわれる。さらに、ドイツ領東アフリカのワゴワゴ族の場合、首長の最大の力は雨を降らせる術にあるとのことだ。自分の術では雨を降らせることができなければ、誰かできる者に頼んででも降らせなければならないという。やはり同じく東アフリカのマサイ族の国では、まじない師が首長という例が珍しくなく、この部族の最高の首長とされる者は必ずといっていいほど絶大な力をもつまじない師である。彼らはライボンと呼ばれ、これはまじない師のほかに祭司という意味ももち、前兆と夢を占い、悪運を払

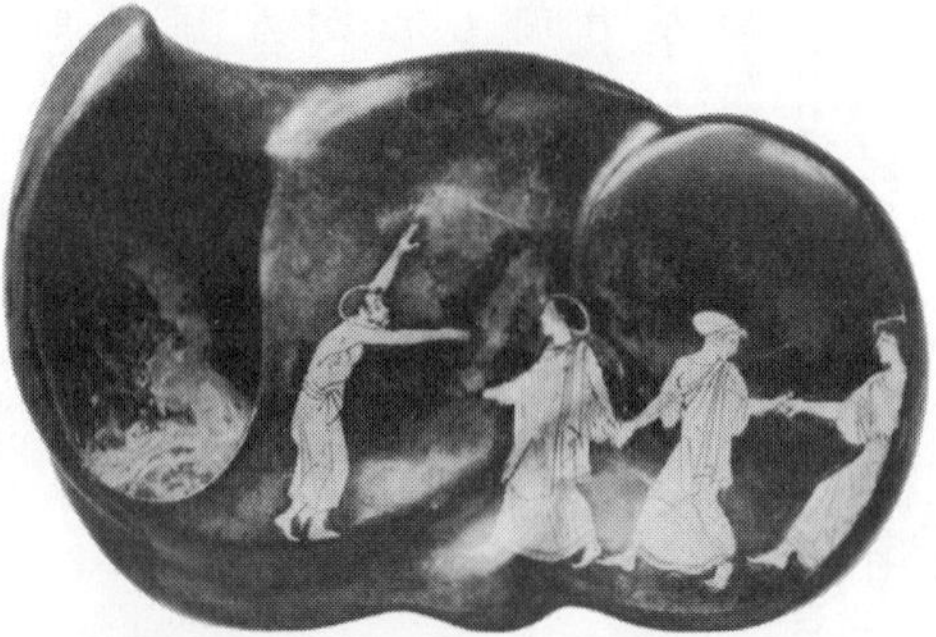

呪術による天候の支配　世界各地で、気象現象は神の化身とみなされてきた。太陽も月も雷や稲妻も、純然たる自然現象というよりは人間の姿をした神として遇しがちだからだ。

（上）ギリシア神話には、風と雲の王アイオロスの物語のように、古代の慣習を反映したものがある。アイオロスが雲をそれぞれの洞窟に追い込んで、晴天をもたらそうとしている。紀元前５世紀のアテナイの壺（ロンドン、大英博物館所蔵）。

（下）ペルーのマチュピチュにあるインティワタナの遺跡。インカの人々は一年のうち最も日が短い冬至の日に、神であり父である太陽が必ず戻ってくるように、ここで太陽を「縛って」いた。写真：C・N・ウォリス

い、雨を降らせるのにたけている。マサイ族の法王と呼ばれる大首長であるまじない師には、雨を降らせるだけでなく、戦いのときその魔術で敵を追い払ったり、やっつけることも期待されている。

王は人々のためになるように自然の運行を調整するのを期待され、その期待に沿えないと罰を与えられるという例は、ほかにも世界各地にみられた。スキタイ人は、食べ物が乏しくなると、王を幽閉する習わしだった。古代エジプトでは、作物の不作は聖なる王の責任だが、自然の運行を調整できなかったのは聖なる獣のせいだとした。厳しい旱魃が長く続いたために疫病その他の災厄に見舞われると、祭司が夜に聖なる獣を捕らえて、脅した。それでも災厄がおさまらないと、殺してしまった。南太平洋のニウエ（サベージ）島と呼ばれる珊瑚島は、かつてある王族が代々治めていた。だが、王は大祭司でもあり、作物を生育させる力があると思われていたので、飢饉になると、人々は王を殺してしまった。こうして飢饉になるたびに王が殺されると、しまいには誰も王になろうとしなくなり、王朝は没落してしまったのである。古代の中国人が書き残しているのだが、朝鮮では、雨が多すぎたり少なすぎたりして作物が実らないと、きまって王のせいにされたそうだ。王は退位を余儀なくされたという記述もあれば、殺されたと書いている人もいる。その中国でも、旱魃が少しでも厳しいと、皇帝のせいだとされる。そこで、多くの皇帝がこの責任問題について、権威ある『北京官報』に自己批判の布告を発表している。極端な例になると、皇帝がみすぼらしい衣をまとって、みずから天にいけにえを捧げ、加護を願う。インドネシアのスラウェシ（セレベス）島南部のトゥラテヤ族は、稲の豊作は大公の行動次第できまると考え、古代の慣習を守らない政治は悪政で、必ず不作をもたらすと信じている。ドマルデ王の治下のスウェーデンでは、何年も続く大飢饉に見舞われたとき、動物の血を捧げても人間の血を捧げてもその大飢饉を食い止めることができなかった。そこで、ウプサラで大集会が開かれ、この飢饉の原因はドマルデ王自身にあるので、豊作を願うには王をいけにえにしなければならないと決定が下された。そして、王を殺し、その血を神々の祭壇に塗ったのである。スウェーデン人は不作を王のせいにするだけでなく、豊作も王のおかげだと考えていたそうだ。また、ノルウェーのオラフ王の治世には、厳しい状況や飢饉になると、人々は王がいけにえを惜しんだせいだと考えた。そこで、軍隊を動員して王に叛旗をひるがえし、王宮を包囲して火を放ち、王を焼き殺して「豊作を願ういけにえとして万物の父オーディンに捧げた」。

イギリス国王にまつわるこうした迷信の最後の遺物といえるものは、王の手が触れると瘰《るい》癧《れき》がなおると信じられていたことだろう。そのためこの病気は「王の病気《キングズ・イーヴル》」と呼ばれた。エリザベス女王はしばしばこの奇跡の治療をほどこした。一六三三年の洗礼者ヨハネの祝日、チャールズ一世はホリールード宮殿の礼拝堂で一挙に百人の病人をなおした。しかし、この慣習が最高潮に達したのは、その子チャールズ二世のときであった。一六六〇年五月二十九日、チャールズ二世は亡命先から意気揚々と帰国すると、六月六日より瘰癧の治療にとりかかった。著述家ジョン・イヴリンはその儀式を実際に目にしたらしく、『日記』に次のように記している。

「陛下は慣習に従って瘰癧にはじめて手を触れられた。その模様はこうである。陛下が大広間の玉座に着かれると、外科医たちが病人を抱えたり手をとったりして玉座のところまで連れていく。病人がひざまずくと、陛下はすぐに両手を病人の顔か頬に触れる。すると、正装した司祭が『陛下は病人に御手を触れられ、癒され給うた』という。一人ひとりの病人にこれが繰り返される。全員に陛下が手を触れ終わると、病人は順次立ち上がる。すると、白いリボンに通したエンジェル金貨を腕にかけたもう一人の司祭がひざまずき、その金貨を一つひとつ陛下に手渡す。陛下は、手を触れた病人が通り過ぎるとき、一人ひとりの首にその金貨をかけてやる。そのとき最初の司祭が『それは汝の世界に遣わされた真の光なり』と繰り返す。それから、礼拝を行い、使徒書簡の抜粋を（最初は福音書として）読み、病人のために祈り、しめくくりとして祝福を与える。それが終わると、陛下が手を洗うための洗面器と水差しとタオルを、式部長官と宮内長官がもってくる」。

このように、全体的にみれば、世界の多くの地方で王が古代の呪術師やまじない師の直系の継承者であったと考えてもよいだろう。特権階級の呪術師は、社会から切り離された存在となり、人々の安全と幸福がかかっていると信じられている任務を果たすことで社会から信頼されるようになると、しだいに富と権力を伴う地位に祭り上げられ、ついにはそのなかの有力者が聖なる王として君臨するようになるのである。そして、人間と神の区別がまだ判然としていないあいだは、往々にして、強大な精霊の力によって一時的あるいは永遠に自然界全体を手中に収めることで、人間は死んだあとだけでなく生きているうちでも神になれると考えられるのである。神が人間の姿に化身することがあるという信仰のおかげで、王こそ社会で最も得をしてきた階級であった。この神の化身という考え方とともに、厳密な意味での王の神格については、次の章で述べることにする。

第五章　神格をもつ王

神の化身としての人間神

ここまでの章で、世界各地の未開人の信仰や慣習からさまざまな実例を引き合いに出してきた。自然にたいする人間の力に限界があるのはわれわれには自明のことに思えるのだが、未開人がその限界を認識していなかったことは、それらの実例から十分にわかるといってよい。超自然とも呼ぶべき力を誰もが多少なりとも備えているとされる社会では、明らかに神と人間の差異がいささか曖昧である。というよりむしろ、その差異がほとんど現れなかったといえる。

人間神、すなわち神の力あるいは超自然の力を備えた人間という考え方は、宗教の歴史では初期の時代のものである。その時代には、神々と人間はほぼ同じ次元にある存在とみなされており、神々と人間のあいだにはとても越えられない大きな隔たりがあると考えるようになったのはのちのことだ。だから、人間の姿をした神の化身という考え方は、われわれには不可解に思えても、その時代の人々にとっては別に驚くほどのことではなかった。彼らは超自然の力が自分にも備わっていると本気で思い込んでいて、人間神や神の化身である人間はその力が大きいだけなのだと思っている。また、彼らは神と魔力のある呪術師とをそれほどはっきり区別していない。彼らにとって神は、人間の呪術師が目に見える形で行う呪術やまじないと同じものを、自然という幕に隠れて行う姿なき呪術師にすぎないのだ。そして、神々はその崇拝者の前に人間そっくりの姿で現れると信じられているのがふつうなので、奇跡を起こす力をもつと思われている呪術師が神の化身という評判を難なく得てしまう。こうして、はじめはただの手品師に毛のはえたくらいのものだったまじない師や呪術師が、やがて押しも押されもせぬ神と王の一人二役を果たすまでになる。神としての呪術師というとき気をつけなければならないのは、ややもすると原始的な神の概念に、われわれがこの神という言葉にこめるきわめて抽象的で複雑な観念を持ち込んでしまうことである。未開人も文明人もそれぞれの言葉で神というとき、頭に描いているのはまったく別のものなのである。よくあることだが、二人の人間がそれぞれ同じように相手の視点でみることができないとすれば、いくら論議しても混乱と誤解しか生まれないものだ。

昔のポルトガルのある歴史家によると、アフリカの南東部にあるソファラの王《クイテベ》は縮れ毛のカフィル人で、何ものも信じず、〈神〉については無知な無宗教者である。それどころか、みずからを国の神とみなし、民もこの王を神と認めて尊敬している。窮乏や飢饉に見舞

王と神の結びつき
マンコ王。太陽と月の神の息子で、インカ最後の王の一人。玉座に坐り、貴族たちに囲まれている。スペイン人グアマン・ポマ・デ・アヤラの『新しい記録と良き統治』(1615年ころ、パリ、民族学研究所所蔵)。

われると、彼らは王に頼る。王は彼らの欲するものや必要とするものをなんでも与えてくれるし、王は死んだ先祖と霊の交わりがあるので、その先祖からなんでも手に入れてくれると固く信じているからだ。だから民は、日照りが続くと雨を降らせてくれと頼み、収穫期には好天にしてくれと頼む。そうしたことを頼みにいくとき、彼らは高価な贈り物を持参する。王はそれを受けとると、家に帰って待てといい、なかなか彼らの願いを叶えてやらない。彼らは未開人なので、そうたびたび願いを叶えてもらえると思ってはいないものの、あっさり騙されて、もっと立派な貢物を届ける。こうして行ったり来たりしているうちに何日も時が過ぎ、そのうち天気は雨になる。それでカフィル人は満足する。たっぷり賄賂を渡し、しつこく頼まないかぎり、王は願いを聞きとどけてくれないものだと思い込んでいるからだ。王みずから認めているのだが、民にいつまでも思い違いさせておくために、そういうやり方をしているのだそうだ。

だが、神が宿ると考えられている人間はなにも王や王の子孫に限っているわけではない。

いわゆる神の化身は最下層の人間にも宿ることがある。たとえば、仏教徒のタタール人は何人もの生き仏を信じている。その生き仏は大ラマとして最も重要な僧院の教主を務めている。大ラマが死んでも、弟子たちは悲しまない。それは、死んだ大ラマがすぐに赤子に生まれ変わって姿を現すと思っているからだ。弟子たちにとってただ一つ気がかりなのは、その生誕の地を見つけることである。大ラマが死んだとき虹が出ると、死んだラマがその生誕の地に導いてくれるしるしだと思う。ときにはその聖なる赤子がみずからその正体を人々に示すこともある。「われは大ラマなり」と名乗り、「かくかくの僧院の生き仏なり。われをその僧院に連れていくがよい。われはその教主なり」と告げるのである。生き仏のお告げであれ、空にかかった虹のしるしであれ、いったんその仏の生誕地が示されると、巡礼者たちは喜びいさんで天幕をたたみ、たいていは王か王族のいちばん主だった者を先頭に、その赤子の仏を見つけて連れ帰るために旅立つ。赤子の生誕地はふつうは聖地チベットである。旅の一行がそこを訪れるには、このうえなく恐ろしい砂漠を横断しなければならない場合が多い。そして、ついに目指す赤子を見つけると、彼らはひれ伏して拝む。しかし、赤子は、彼らの探し求める大ラマだと認められるには、まずまさにその人物に相違ないと納得させなければならない。そこで、これから教主を務めるこ

ローマ皇帝アウグストゥス。「神として崇められた」カエサルの息子。神の象徴として月桂樹の冠をかぶっている。ローマ時代の硬貨（ロンドン、大英博物館所蔵）。

とになっている僧院の名前、そこまでの距離、そこにいる僧侶の数をきかれる。また、死んだ大ラマの習癖やその死の様子についても説明しなければならない。それから、目の前に並べられた祈禱書、急須、湯呑みといったさまざまな品物のなかから、自分が前世に使っていたものを選ぶように求められる。それらを一つもまちがわずにできたら、彼らの探している大ラマの生まれ変わりだと認められ、めでたく僧院へと導かれるのである。すべてのラマの長が、チベットのローマともいえるラサのダライ・ラマだ。ラサのダライ・ラマは生き仏とみなされ、死んだら、その聖なる永遠の霊は赤子のなかに蘇る。伝えられるところによると、蘇ったダライ・ラマを見つける方法も、前述のふつうの大ラマを見つける方法と似たりよったりである。

そこで次のように推論できそうだ。すなわち、かつてエジプト、中国、メキシコ、ペルーといった歴史上の大帝国の君主たちも神の力や超自然の力をもつとされたが、それはあながち彼らの思い上がった虚栄心の表れでもなければ、空疎な言葉だけのこびへつらった追従《ついしょう》でもなかったようだ。それは生ける王を神として崇める原始的な信仰の名残として続いてきたにすぎないのだ。たとえば、ペルーのインカ帝国の皇帝は、太陽の子として神々と同じように崇拝されていた。彼らはいかなる悪事もできず、人々も皇帝や王族の人格や名誉や財産を傷つけることなど夢にも思わなかった。

エジプトの王は、古代地中海諸国の王と同じく、生涯、神として崇められた。いけにえが捧げられ、特別な神殿で特別な祭司による礼拝が行われた。実のところ、王を崇めるあまり、神々への礼拝がないがしろにされることもあったほどだ。たとえば、メレンラ王の治世に、ある高官がはっきりいっているのだが、永遠に生きるメレンラ王の霊を人々が「あらゆる神々よりもたくさん」拝むように、多くの聖所が建てられたという。歴史的にみると、聖なる王権という考え方は、もとをたどれば、公的な呪術師やまじない師の道理から生まれたものと考えられる。しかし、理論的にいえば、神聖な王権は、人間の連想が生み出した誤った推論に支えられているにほかならない。人間は自分たちの観念が生み出したものの道理を自然界の道理であるかのように思い違いをし、その結果、ものの考え方を支配できるなら、あるいはできると思っているなら、自然の事物にたいしても同じように支配できると考えたのである。

自然界を構成する部門の王

ネミにおけるディアナの祭司の場合は、その本拠であり、「森の王」の称号を与えてくれたアリチアの森で、この自然を支配する力をふるっていた。古代ギリシアやイタリアの王といっても名目だけの祭司王とは違って、ディアナの祭司は都市ではなく緑の森を支配していた。したがって、自然の王であり、自然界の一つの様相である森を支配する王として「森の王」の称号が与えられていたといえる。自然界の部門王、つまり自然界を構成する特定の要素や様相を支配する王と呼べる存在の例があるとすれば、それはこれまでにみてきたような、自然界の特定部分ではなくむしろ自然界全体を支配する神格をもつ王よりも、どちらかというと「森の王」に似た存在だったといえよう。

この自然界の特定部門を支配する王に最もよくあてはまる例がカンボジアにみられる。カンボジアの辺鄙《へんぴ》な未開拓地にある森林には、「火の王」と「水の王」と呼ばれる二人の神秘的な王がいる。その名声は広いインドシナ半島の南部にあまねく広がっているが、西洋にはかすかに伝わってきているだけだ。わかっているかぎりでは、ほんの数年前までヨーロッパ人は誰一人そのどちらの姿も目にしたことはなかった。もしごく最近までカンボジアの王とのあいだで毎年、贈り物をやりとりし、定期的に交際が続けられてきたという事実がなかったら、この二人の王の存在そのものも架空の話とみなされてしまっていただろう。カンボジアからの贈り物は部族から部族へと運ばれて、これらの王のもとに届けられていた。カンボジア人が贈り物を届ける危険な長旅をしようとしなかったからだ。「火の王」と「水の王」がいる部族はチュレアイスまたはジャライという、肌の色は黄色人種だがヨーロッパ系の顔だちをした民族で、カンボジアとアンナン（訳注＝現在のベトナム）の境にある森林に覆われた山岳地帯や高原地帯に住んでいる。この二人の王としての役目は純粋に神秘的あるいは霊的なものであり、政治的な権威はもっていない。彼らは素朴な農夫にすぎず、額に汗して

自然のさまざまな部門の王　アフリカの王国ベニンの王オヘ。泥魚の形の足が、海神オロクンの支配を受けていることを示し、力と王位の象徴としてヒョウを振りまわしている。16世紀後半、ベニンの青銅の飾り板（ロンドン、大英博物館所蔵）。

働き、信徒からの供物で暮らしている。ある報告によると、二人は互いに会うこともなく、ほかの人間とも顔をあわせず、まったくの独り暮らしをしているそうだ。七つの山に建てられた七つの塔を、毎年順ぐりに移り住んでいる。人々がこっそりやってきて、暮らしに必要なものをそのあたりに投げおいていくのである。その王権は七つの塔をひとまわりする七年間続くことになっているが、たいていはその任期が明けないうちに死んでしまう場合が多い。王権は非常に尊敬されている一つの（二つという報告もあるが）王族が世襲し、その王族は生計費をあてがわれ、土地を耕すことも免除されている。しかし、当然のことながら、その王族の者はこの任務につきたがらず、ひとたび空位ができると、適格者（強健で後継ぎがいること）はみな逃げ出して、身を隠してしまう。この王は法外な特権をもち、義務を免除されているが、その権威は近隣の村にしか及ばない。あとで述べる多くの神聖な王たちと同じく、この「火の王」と「水の王」も自然死を待つのを許されない。自然死すると名声が地に堕ちてしまうからだ。そこで、王が重病になると、長老たちが集まって相談したあげく、回復の見込みなしときまれば、刺し殺してしまう。その遺体を荼毘《だび》にふし、うやうやしく拾った遺骨を五年のあいだ大切に祀る。遺骨の一部は妻に与えられ、妻はそれを骨壺におさめ、墓参りをするときに、その骨壺を背負っていかなければならない。

「火の王」と「水の王」には超自然の力があると思われてきた。「火の王」のほうが「水の王」よりも重要だとみなされ、結婚、祭り、霊《ヤン》を祀る供犠などを司る。そうした儀式では、王のために特別な聖座が設けられ、歩く通路には白布が敷かれる。王権を一つの王族の世襲に限っているのは、その王族がある霊験あらたかな護符をもっており、それを手放したら、効験がなくなったり護符そのものが消えてなくなってしまうからだ。その護符は三つある。一つはクイという蔓植物の実で、はるか昔、大洪水のときに採取されたものだが、今でも枯れずに青々としている。二つ目は籐《とう》の枝で、非常に古いものだが、けっして色あせない花がついている。三つ目は霊《ヤン》の宿る剣で、霊がいつもその剣を守り、その剣で奇跡を起こす。その霊はある奴隷の霊といわれ、剣を鍛えていたその奴隷の血がたまたま剣の刃にしたたり落ちたため、彼はその過失を死をもって償ったのだそうだ。クイの実と籐の枝の護符で、「水の王」は全土を水びたしにするほどの洪水を起こすことができる。また、「火の王」が呪剣を鞘から少しでも抜くと、太陽が隠れ、人も獣も深い眠りにおちてしまう。剣を完全に引き抜いてしまうと、この世は滅びてしまう。雨乞いをするときは、この呪剣に野牛、豚、鶏、アヒルなどのいけにえを捧げる。剣は木綿と絹の布で巻いて保管してある。毎年カンボジアの王から届けられる贈り物のなかに、この聖剣を包むためのすばらしい織物があったそうだ。

お返しに「火の王」と「水の王」は大きな蠟燭一本とひょうたん二個をカンボジアの王に贈った。ひょうたんには米とゴマがそれぞれぎっしり詰められており、蠟燭は「火の王」の中指をかたどったもので、おそらく火種が入っていたものと思われる。こうしてカンボジアの王は年に一度、「火の王」から新しい蠟燭をもらったのである。この聖なる蠟燭は神聖な儀式に使われた。カンボジアの首都に届けられた蠟燭は、僧侶《バラモン》が預かって、王位を象徴するものと並べておき、儀式が行われるとき、その蠟燭でつくった細い蠟燭を祭壇に飾って火をともした。蠟燭が「火の王」からの特別な贈り物だったので、米とゴマは「水の王」からの特別な贈り物だったと考えられる。「水の王」はまぎれもなく水だけでなく雨の王でもあり、大地の実りは「水の王」が人々に授ける恵みであった。疫病、洪水、戦争のような災いに見舞われると、「悪霊の怒りを宥めるために」この聖なる米とゴマを少し大地にばらまいた。ふつう死者は土葬にするが、二人の神秘的な王の遺体は火葬にし、その爪および歯と遺骨の一部は魔除《よ》けとして寺院に安置するのである。

しかし、イタリアはカンボジアの森からはるか遠く離れている。こうして「水の王」と「火の王」の存在は明らかにはなったが、「森の王」の称号をもつアリチアの祭司に匹敵する「森の王」を見つけなければならない。たぶんイタリアのもっと近くにもそうした「森の王」が存在していたにちがいない。

第六章　樹木崇拝

木の精霊

ヨーロッパのアーリア民族の宗教では、古来より樹木崇拝が重要な役割を果たしてきた。それは当然のことである。歴史の黎明期《れいめいき》には、ヨーロッパは広大な原始林で覆いつくされ、そのなかに開拓地が緑の大海原に浮かぶ小島のように点在していたにすぎなかったからだ。ヘルシニアの大森林を旅したゲルマン人は、カエサルに問われて、森が果てしなく続いていたと答えたという。ロンドン市民は、ヘンリー二世の治世になっても、ハムステッドの森でイノシシ狩りを楽しんでいた。古代ローマの文献には、今はもう消滅してしまったイタリアの森について触れたものが多い。ギリシアには、マツやオークなどの美しい森が今でもところどころ残ってはいるが、それは昔、広大な地域に広がっていた森林の名残にすぎず、それよりはるか昔にはギリシア半島は一面緑に覆われていたのかもしれない。

ケルト人は誰でも、ドルイド教のオーク信仰をよく知っている。聖所を表す古いケルト語

樹木崇拝　アッシリアのアッシュールナツィルパル王。「全人類を支配下においた……世界の王」で、翼をもつ円盤状の太陽と生命の樹がその神性を表している。紀元前９世紀、ニムルードにあったアッシュールナツィルパル王の宮殿の浮き彫りで、聖なる紋章の両側に王が描かれている（ロンドン、大英博物館所蔵）。

は、その語源と意味がラテン語の「ネムス」と同じらしい。これは森あるいは森林の空地《あきち》という意味で、ネミという名称として残っている。スウェーデンの古い宗教都市ウプサラにはかつて聖なる森があり、そこに生えている樹木はすべて神聖なものとみなされていた。異教徒のスラブ人は樹木と森を崇拝していた。リトアニア人がキリスト教に改宗したのは十四世紀も終わりに近いころだったが、そのころになってもまだ樹木崇拝が盛んに行われていた。見事なオークやそのほかの鬱蒼と葉を茂らせた巨木を崇拝し、そうした木から神託を受ける人々がいたり、村や自分の家のそばに聖なる森を所有し、その森の木は一枝たりとも折ったら罪になるとしていた人々もいた。古代のギリシアやイタリアで広く樹木崇拝が行われていたことを示す証拠は、それこそいくらでもある。たとえば、コス島のアスクレピオスの聖所では、イトスギを切り倒すことが禁じられ、その禁を犯した者には千ドラクマの罰金が科された。しかし、古代世界でこうした古い宗教形態が最もよく残っていたのは、おそらく大都市ローマだったと思われる。ローマ人の暮ら

聖なる場所の樹木
(上) イランのイスラム教の聖人を祀った寺院にあるオークの樹。写真：デヴィッド・ブルックス
(下右) ローマのウェスタの神殿とウェスタの聖なるオークの樹。大理石の浮き彫り（フィレンツェのウフィツィ美術館所蔵)。写真：アリナーリ
(下左) イングランド、ペインズウィックのセント・メアリー教会。99本の刈り込んだイチイの木で有名である。写真：グロースターシャー・レコード・オフィス

しの中心として賑わっていたフォルムでは、ローマの創設者ロムルスの聖なるイチジクの木が崇拝されており、その木が枯れると、市民はこぞって驚きあわてたという。

ここで、樹木崇拝や植物崇拝のもとになっているものの考え方について、少し詳しく検討してみたい。未開人にとっては、この世界全体が生命ある存在で、樹木や植物も例外ではなかった。未開人は、樹木や植物にも人間と同じように霊魂があると考え、人間と同じように扱っていた。古代ギリシアの哲学者で菜食主義者のポルフュリオスはこう書いている。「原始人はその迷信の対象を動物にとどめず植物にまで広げたために、不幸な生活をするようになったといわれる。モミやオークに霊魂が宿っているとすれば、その木を切り倒すのは牛や羊を殺すのに劣らない罰あたりなことになるからだ」。これと同じように、北米のヒダーツァ族も自然界のものにはすべて霊魂が宿っていると信じている。もっと適切な言い方をすると、自然界のものにはすべて影があると考えている。この影を畏敬し尊敬するが、すべての影を等しくそう扱うわけではない。たとえば、ミズーリ川上流の流域にある最大の巨木ポプラの影には知力があり、正しく遇すれば、自分たちの仕事に手を貸してくれると信じている。だが、灌木や草の影はたいして重要ではないとする。

樹木に生命があるとすれば、当然、感情もあるのだから、切り倒すのは難しい外科手術をするのと同じことで、患者の気持をくんで、なるべく思いやりをもって手術をしなければならない。ぞんざいな手術をしたりへたくそな手術をすると、患者は反抗的な態度で文句をいいかねない。オークの木が倒れるとき、「まるで木の精霊が嘆いているかのように、一マイル先でも聞こえるほどの叫び声や呻き声を発する。E・ワイルド氏は何度もそうした声を聞いたことがある」という。これと似たような記述が世界各地に残っている。

樹木や植物に生命があると考えれば、当然、それらを単に比喩的表現や詩的表現としてではなく、文字どおり結婚できる男と女として扱うことになる。古代の人々はナツメヤシの雌雄の違いを知っていて、雄木の花粉を雌木の花にふりかける人工授粉をしていた。この授粉は春に行われた。異教徒のハラン族は、このナツメヤシの授粉を行う月を「ナツメヤシの月」と呼び、この月にあらゆる男神と女神の結婚を祝う祭りを行っていた。モルッカ諸島では、チョウジの木が花をつけているときは、妊婦と同じように扱う。その近くでは音をたてるのを禁じられ、夜に明かりや火をもってそのそばを通るのも法度とされている。帽子をかぶったままで近づいてはならず、その前では帽子を脱がなければならないという。樹木がびっくりして実をつけなかったり、まだ熟していない実が落ちてしまわないように、こうした用心をするのである。それは妊婦を不意に驚かせると早産する恐れがあるのと同じである。

朝鮮では、疫病や行き倒れで死んだ人、お産で死んだ人の魂は必ず樹木に宿るとされている。このような霊魂には、樹木の根元に積んだ石の上に、菓子と酒と豚肉の供物を捧げる。また、中国には、死者の霊を強くして、遺体が腐るのを防ぐために、墓所に木を植える習慣が大昔からある。常緑樹のイトスギとマツはどんな木よりも生命力にあふれているとみなして、墓所に植える木として特に好んで選ばれてきた。そこで、墓所に茂る樹木はときとして死者の霊と同一視される。

こうした例では、必ずとまではいえないにしても、たいていの場合、その樹木に精霊が宿っているとみなされる。精霊は樹木に生命を与え、樹木とともに苦しみ、樹木とともに死んでいくというのである。しかし、もっとのちの別の見方では、樹木そのものが精霊なのではなくて、精霊は樹木を棲み家としているだけで、気の向くままに出たり入ったりできるとする。

精霊が宿っている樹木を切り倒すときに行われる儀式には、精霊は気の向くままに、あるいは必要に応じて出ていく力をもっているとする信仰に基づいたものが少なくない。あるフランス人の役人がインドシナ半島の未開人モイ族の住む地方を調査したとき、木を切り倒す前に精霊を宥めるために行う儀式をその目で見て、こう書いている。「今回の測地調査では、測量計器の視野を妨げる木をやむなく切り倒さなければならないことがときおりあった。そのとき、伐採に先だって実に興味深い光景が見られた。われわれが雇ったモイ族の苦力《クーリー》の親方が、切り倒す木の前に進み出て、こう呼びかけるのだ。『この木に宿りし精霊よ、われら汝を崇め、汝の慈悲を希《こいねが》うものなり。この白人の役人はわれらが無情な主人にて、われらその命に従うほかなし。われらに汝の住まいし木を切り倒せと命じたり。悲しみにあふれし仕事なれど、われらには無念の思いで果たすほかなし。願わくは、ただちにここを去りて、新たな安住の場所を探し求められんことを。どうかわれらが汝に行いし悪業を忘れたまえ。われらの自由にならぬことなれば』と」。

このように、ときには樹木そのものが精霊とみなされたり、ときには樹木は精霊の棲み家にすぎないとみなされる。精霊の宿るところなので切り倒してはいけないとされる聖なる樹木があるのは確かだとしても、その樹木に精霊がどのような形で存在しているのかについては、必ずしも確信をもって述べることはできない。

樹木の精霊の恵みをもたらす力

樹木そのものが精霊だとはもはや考えられなくなり、樹木は精霊が気の向くままに出ていける棲み家にすぎないとみなされるようになると、宗教的なものの考え方が大きく進歩したことになる。精霊崇拝《アニミズム》が多神教へと移っていくのである。別の言い方をすれば、それぞれの樹木が生命もあり意識もある存在だとは考えずに、生命もなく自力では動けない物体で、期間に長い短いはあるが、超自然的なものが宿っているにすぎないとみているのだ。その超自然的なものは木から木へと自由に移りすむことができ、宿った木々にたいして一種の所有権または支配権をもっており、樹木の精霊ではなくなって、今度は森の神になるというわけだ。昔は総じて抽象的な霊的存在が具体的な人間の姿をとっているのだと考える傾向があっ

豊作を願う儀式　ネパールのトゥルン族は、宇宙の樹を表す棒のまわりを踊り、男の生殖力を模したひょうたんから酒を注ぎ、大地の豊作を促す。写真：ニック・アレン

たので、樹木の精霊はこうしてそれぞれの樹木から切り離された存在になったとたんに、その形を変えて、人間の姿をとりはじめるのである。このために古典芸術では、森の神は人間の姿に描かれており、その森としての性格は一本の枝とか、何かそれとはっきりわかる象徴的なもので示されている。しかし、このような形の変化は、樹木の精霊の本質的な性格にはなんら影響をもたらしはしない。樹木の魂そのものとしてふるっていた力を、森の神としても引き続き行使するのである。

ところで、樹木あるいは樹木の精霊は、雨と日光をもたらすと信じられている。プラハの宣教師ヒエロニムスが異教徒リトアニア人に聖なる森を伐採させようとしたとき、女たちが大挙してリトアニア大公のもとに押しかけて、やめさせてほしいと懇願した。聖なる森を切り倒すのは、雨や日光を恵んでくれる神の住まいを破壊することになるというのだ。インドのアッサム地方のムンダリ族は、聖なる森の木を切り倒すと、森の神々が雨を降らせないようにして、怒りを表すと信じている。

樹木の精霊はまた、農作物も生育させる。ムンダリ族のそれぞれの村には聖なる森があり、「森の神々は農作物の出来を左右するので、大きな農業祭では必ず森の神々を特別に讃える儀式が行われる」そうだ。黄金海岸の黒人たちは、ある特定の大木の根元にいけにえを捧げる習慣があり、そうした木を一本でも切り倒すと、大地の実りに悪影響を及ぼすと思っている。インド北部では、エンブリカ・オフィシナリス（インドスグリ）が聖樹とされている。パールグナ（ヒンドゥー暦の第十二月、太陽暦の二月）の第十一日には、この聖樹の根元に神酒を注ぎ、幹に赤か黄色の紐を巻きつけて、女と動物の多産と農作物の豊作を祈る。アフリカ西部の旧カラバルに近い町クアには、枝からもいだ実を食べると、どんな不妊の女でも子宝に恵まれるという一本のヤシの木があった。また、ヨーロッパでは、「五月の樹《メイツリー》」あるいは「五月の柱《メイポール》」が女と家畜に同じような効験をもたらすと思われているらしい。といっても、実際には樹木や灌木や木の枝にはどちらかというと生殖の力よりも守る力があると考えられているようだ。雌牛の乳房を満たすというより、むしろ魔女が乳を出なくさせることから守るのだ。五月祭の前夜（あのワルプルギスの夜祭り）、箒《ほうき》やくまでに乗った魔女が空を飛んできて、牛の乳を盗むといわれているのである。

近代ヨーロッパにおける樹木崇拝の名残

以上のように、一般に樹木の精霊には恵みをもたらす力があるとする考え方を検討すれば、なぜ「五月の樹」や「五月の柱」といった慣習が、ヨーロッパの農村によくみられる祭りで、これほど広くこれほどきわだって行われてきたか、そのわけを理解しやすくなる。ヨーロッパの多くの地方では、春あるいは初夏に、ときには洗礼者ヨハネの祝日（六月二十四日）のころ、森から一本の木を切り倒して村に持ち帰り、それを立てて、村人がこぞって喜びはやしたてたり、森から切ってきた木の枝を各戸に飾ったりする慣習があったし、その慣習は今でも残っている。こうした慣習の目的は、樹木の精霊には祝福を与える力があると考え、その祝福を村や各戸に持ち帰ることにある。「五月の樹」をそれぞれの家の前に植えたり、「五月の樹」を村じゅうの家から家へと運びまわる地方もあるが、その慣習も樹木の祝福を各戸に分け与えるためであろう。アイルランドには、五月祭のとき、ナナカマドやリュウキンカで花輪をつくり、そのなかに二つの玉を吊したものを村人がもちまわる地方があるらしい。この二つの玉は、金紙と銀紙で包むこともあり、もともとは太陽と月を表していたそうだ。ギリシアのケルキラ（コルフ）島には、五月一日に子どもたちが五月の歌をうたいながら練り歩く慣習がある。少年たちはリボンや花や季節の果物で飾った小さなイトスギを

樹木崇拝の名残
（左）19世紀の「五月の王」と「五月の女王」。ヴィクトリア時代の銅版画。ジョン・ジョンソン・コレクション（オックスフォード大学、ボドリアン図書館所蔵）。
（下）20世紀、「五月の柱」のまわりを踊る。写真：ジョン・トパム・ピクチャー・ライブラリー

携え、各戸を訪れ、グラス一杯のブドウ酒をふるまってもらう。少女たちは花束をもち、そのなかの一人は金色の翼をつけた天使の姿に装い、花をふりまく。フランスの美しいプロヴァンス地方では、どの村や集落でも五月祭には花とリボンで飾った「五月の樹」を立て、その下で若者たちは陽気に騒ぎ、老人たちは憩う習慣が今でも残っている。

かつてヨーロッパで広く行われていたこうした慣習は、春になって目覚め、実りをもたらす植物の精霊を迎えるのが目的であった。オーストリアのケルンテンのスラブ人たちは、聖ゲオルク（ジョージ）の祝日（四月二十三日）に、若者たちがその前夜に森から切り出した一本の木を花や花輪で飾る。この木を先頭にして、音楽を奏で、歓声をあげながら練り歩くのだが、その行列の主役は、頭の先から足の先まで緑の樺の小枝で覆われた若者が扮する「緑のゲオルク」である。この儀式の終わりには、この若者の身代わりとなる「緑のゲオルク」像が水に投げ込まれる。このとき、「緑のゲオルク」役の若者は、誰にも気づかれずに、すばやく緑の衣を脱ぎ捨てる。そしてくだんの像が代わりに投げ込まれるのである。しかし、「緑のゲオルク」に扮した若者本人を川や池に投げ込むところも多い。こうすることで、夏になって畑や牧草地を緑豊かにする雨を願う特別な思いをこめているのである。牛に冠をかぶせ、次のような歌ではやしたてて牛小屋から追い出す地方もある。

緑のゲオルクを連れていく

緑のゲオルクのお伴だ
家畜にたっぷり草を食わせてくれ
さもないと、水に投げ込むぞ

こうした春の行事では、植物の精霊を「五月の樹」だけでなく、緑の葉や花で飾った一人の男あるいは乙女で表すことも多い。この役を務める者は、単なる偶像ではなく、植物の精霊の化身とみなされる。そこで、「五月のバラ」や「五月の樹」とともに行列に加わった者

樹木崇拝とキリスト教　地中海沿岸で発見された19世紀の「五月の女王」の絵。この「五月の女王」は「五月の柱」に聖母マリアの絵とロザリオをぶら下げている。昔の異教徒の祭りにキリスト教の要素が取り入れられていた。ジョン・ジョンソン・コレクション（オックスフォード大学、ボドリアン図書館所蔵）。

たちは、卵やベーコンなどの贈り物を捧げなければ巡回してきた精霊から祝福を受けられないと、口々にいうのである。「五月の樹」や「五月の枝」を担いで各戸を訪れる（「五月や夏を連れてくる」）こうした物乞いの行列は、もともとはどこの地方でも厳粛で、いってみれば神聖な意義をもっていたのだと考えられる。人々は、目には見えない生育の神がこの五月の枝に宿っており、それを担いで練り歩くことで、各戸に祝福がもたらされると本気で信じていたのだ。

植物の精霊を表す木の葉をまとった人物は、しばしば王または女王と呼ばれる。たとえば、「五月の王」「精霊降臨節の王」「五月の女王」といった称号で呼ばれている。こうした称号からわかるように、植物と一体となった精霊は支配者であり、その創造の力はあまねく及ぶと考えられているのだ。また、植物の精霊を花婿と花嫁で表すこともある。これもまた樹木の精霊を人間の姿と植物の姿で表す一つの形である。というのも、すでに述べたように、樹木同士を結婚させることがあるからだ。フランスのブリアンソン（ドフィーネ地方）のあたりでは、五月祭のとき、恋人にふられたり、恋人がほかの男と結婚してしまった若者に、仲間たちが緑の葉の衣をまとわせる。その若者は地面に横たわり、眠ったふりをする。すると、彼に好意をもち、結婚してもよいと思っている娘がやってきて起こし、立ち上がらせると、腕をとり、旗を与える。それから二人で居酒屋にいき、踊りだす。こうなると、その二人は年内に結婚しなければならない。結婚しなければ、独身のまま歳をとってしまう男女として扱われ、仲間はずれにされてしまう。この若者は「五月の花婿《ル・フィアンセ・デュ・モア・ドゥ・メ》」と呼ばれる。居酒屋で若者は木の葉の衣を脱ぎ捨てる。踊りの相手の娘はその木の葉に花を加えて花束をつくる。翌日、その花束を胸に飾った娘を伴って、若者はふたたび居酒屋を訪れるのである。

　このように実際に結婚という形では表さないにしても、春に植物の精霊が結婚することは、植物の精霊を表す人間を「花嫁」と呼び、花嫁衣装を着せる慣習に表れている。たとえば、アルトマルクの村々では、聖霊降臨節のとき、少年たちは「五月の樹」を担いで練り歩いたり、木の葉と花の衣をまとわせた一人の少年を連れてまわり、少女たちは髪に大きな花飾りをつけた花嫁姿の少女「五月の花嫁」を連れて、各戸をまわる。そのとき「五月の花嫁」は歌をうたって、贈り物を求める。贈り物をすれば、その年は豊かに暮らせるが、何もくれなければ、何も手に入らないと歌うのである。

第七章　植物の生育と性の関係

ヨーロッパにおける春と夏の祭りについて考察してきたが、そこから次のように推論できるだろう。すなわち、未開の先祖たちは植物のもつもろもろの力を男や女に擬人化してとらえ、類感呪術あるいは模倣呪術の原理に則って森の神々の結婚を、五月の王と王妃、聖霊降臨節の花嫁と花婿といったように人間の姿で表すことによって、樹木や植物の生長を促そうとしたのだ。したがって、このような擬人化は、単なる象徴劇や寓意劇ではないし、純朴な観客を楽しませたり教えさとすために考えられた田舎芝居でもなかった。森の樹木を青々と茂らせ、みずみずしい草を萌え出させ、穀物を発芽させ、花を咲かせるためのまじないだったのである。

ウクライナでは聖ゲオルギー（ジョージ）の日（四月二十三日）に、長い衣をまとった司祭が侍祭を連れて、村の畑に出向く。畑には穀物の緑の芽が出はじめている。司祭がそれに祝福を授けると、若い夫婦たちが、種をまいた畑に横たわり、何度も転げまわる。こうすると穀物が育つと信じているのだ。同じように、中央アメリカのピピル族も、大地に種をまく四日前から妻を遠ざけ、「種まきの前夜に思いきり情熱を傾けて交わる。最初の種を大地にまいた瞬間に夫婦の交わりを行う役目の者たちもいたといわれる」。その役目は宗教的な務めとして祭司から申しつけられ、その申しつけにそむいて種をまくのは許されなかった。この慣習については唯一納得のいく説明として、ピピル族は人間が種を増やすプロセスと植物が実るプロセスを混同していて、人間の力を借りることで植物の生育も促せると思っていた、と考えるしかないだろう。

真理を探究するとき遠まわりしたがる研究者にとって、いささか興味深い問題がある。それは、同じように植物の生育にたいして性行為が共感的な影響をもたらすと信じていながら、片や、大地の実りを豊かにする手段として思うぞんぶん欲望を発散させた人々がいる一方で、それとはまったく反対に、身を慎んで豊作を願った人々もいるということだ。たとえば、ニカラグアの先住民は、トウモロコシの種をまいてから刈りとるまで、妻を遠ざけ、別のところで寝て、身を慎んで暮らした。彼らは塩を口にせず、ココアも飲まず、トウモロコシを発酵させてつくった酒チチャも飲まなかった。要するに、あるスペインの歴史家がいっているように、この季節は彼らにとって禁欲の時だったのである。

禁断の愛の行為が、直接的にせよ間接的にせよ、大地の豊穣を妨げ、穀物を枯らしてしまいかねないとする信仰には、性行為と大地の豊穣のあいだに共感的な関係があるという考え方がおのずと表れている。たとえば、ビルマ（訳注＝現在のミャンマー）のカレン族のあいだにもそうした信仰が広くみられる。彼らは、姦通や密通は穀物の生育に大きな悪影響を及ぼし、収穫をだいなしにすると考えている。そこで、不作が一年か二年続いたり、雨が降らなかったりすると、村人たちはこの飢饉はこうした罪をこっそり犯したせいであり、そのために天と地の神が自分たちに怒りを下したのだといい、神を宥めるために村じゅうの人が集まって、いけにえを捧げるのである。さらに、姦通や密通の罪を犯した者が見つかると、長

結婚の儀式に自然を取り入れる
(上)原住民の祭司が花婿とその付き添いに米をふりかける。
(下)マレーの結婚式では、花嫁の親族が花婿の親族に聖なる樹を贈る。写真：ウィリアム・D・ワイルダー

老たちはその罪人に豚を買って殺すように命じる。それから、罪を犯した女と男がそれぞれいけにえの豚の足を一本ずつ手にもち、畑の畝《うね》と畝のあいだをその豚の足でこすって血を注ぐ。次に、その女と男は両手で畑をひっかいて掘り、こう祈るのである。「天と地の神さま、山と丘の神さま、私はこの地の実りをだいなしにしてしまいました。どうか私を怒らないでください。憎まないでください。お慈悲とお情けを与えてください。私は山を手入れし、丘を、川を、大地を癒します。穀物が不作になりませんように。この土地に注いだ労働や努力が無駄になりませんように。無駄な労働や努力は地平線のかなたに追い散らしてください。あなたの稲に穂を実らせ、あなたの米を豊作にしてください。野菜を生育させてください。少ししか耕せなくても、願わくは少しは収穫できますように」。罪を犯した女と男はそれぞれこう祈ると、家に帰り、これで大地を癒してきたというのである。

古代のギリシア人やローマ人は、近親相姦が大地を荒廃させることについて、これと似たような考え方をしていたようだ。クラウディウス皇帝の治世下に、ローマのある貴族が妹との近親相姦の罪に問われた。男は自殺し、妹は国を追われた。皇帝は、もとをたどれば王政ローマ第六代の王セルウィウス・トゥッリウスの法に遡る古代の儀式をとり行い、ディアナの聖なる森で大祭司が贖罪の儀式を行うよう命じた。このディアナの聖なる森とはおそらく、この研究の出発点となったあのアリチアの森である。ディアナは一般には豊穣の女神、とりわけ女性の多産を象徴する女神だったと思われるので、その聖所で近親相姦にたいする贖罪の儀式が行われたということは、ローマ人も、ほかの民族と同じく、不道徳な性行為が大地と女の子宮を不毛にしかねないと考えていた証拠とみなしてよいだろう。この推論を裏づけるものとして、謹厳なローマ人が残した教えがある。それは、パン屋と料理人と執事は厳しく貞節と禁欲を守るべしというものだ。食べ物と食器は思春期に達しない者か、ともかく性交の経験がほとんどない者が扱うのがなにより重要だからというのである。そのため、パン屋や料理人や執事がこの禁欲の掟を破ったら、川か流水で身を浄めないかぎり、もとの仕事に戻れなかった。しかし、こうして身を浄める義務を課していたにもかかわらず、これらの仕事は少年か生娘にさせるほうが好まれていた。

第八章　聖なる結婚

神々の結婚

前章でみたように、類感呪術または模倣呪術の考え方にとらわれた未開の人たちは、植物は雌雄の性的結合によってその種を繁殖し、さらに、植物の精霊に扮した人間の男と女が実際に結婚したり結婚の真似事をすることで、植物の繁殖を促すことができると信じていた。その信仰にはまったく根拠がないともいえないのである。こうした呪劇はヨーロッパ各地にみられる祭りできわめて大きな役割を果たしてきた。また、こうした呪劇は、その根底に自然の法則にたいする非常に素朴な観念があることから明らかなように、はるか太古から伝承されてきたものにちがいない。そこで、今日の「五月祭」「聖霊降臨節」「夏至の祝祭」に相当するものが古代の祭りにあるのではないかと、私はつい考えたくなる。相当するといっても、異なる点はある。古代においては、こうした儀式はまだ単なる見世物や芝居のたぐいに堕してはおらず、宗教的あるいは呪術的な儀式であり、演じる者たちも意識して神や女神の

神々の結婚　ギリシアの神ゼウスと女神ヘラの最初の出会い。紀元前５世紀、シチリア島セリヌスにあるギリシア時代の神殿の小間壁（パレルモ、国立博物館所蔵）。写真：アンダーソン

崇高な役を務めていたのである。ところで、本書の第一章で、「森の王」の称号をもつネミの祭司が、その森の女神ディアナを王妃にしたと信ずべき根拠を明らかにした。この「森の王と王妃」たるネミの祭司とディアナは、近代ヨーロッパにおける「五月の王と王妃」や「聖霊降臨節の花婿と花嫁」を楽しく演じる男女に相当する厳粛な存在だったのではないだろうか。そして、この「森の王と王妃」が結ばれたことを、人々は神婚あるいは聖なる結婚として毎年、祝ってきたのではないだろうか。こうした神と女神の結婚劇は、古代世界の各地で厳粛な宗教儀式として行われていた。したがって、ネミの聖なる森でもこの種の年祭が行われていたと考えてもよいのではないか。こうした神婚の目的は大地や動物や人間の豊穣多産を促すことにあったのだろう。そこで、この神聖な結婚を毎年繰り返し祝い、花婿たる神と花嫁たる女神の役を偶像または生きた人間が演じれば、その目的をより確実に達成できるはずだと考えたにちがいない。直接証拠がないので、この見解を裏づける根拠は、ほかの時代にほかの地域で行われていた同

神と人間の女性との結婚　ゼウスが黄金の雨とともにダナエを訪れる。この２人の結婚で、ギリシア神話の偉大なる英雄ペルセウスが生まれた。ティツィアーノの絵（マドリード、プラド美術館所蔵）。

じような慣習の類例に求めるしかない。

バビロニアには、天と地の神ベルの堂々たる聖所がピラミッドのように町を見下ろしてそそりたっていた。その屋上屋を重ねたような八層あるいは八階からなる聖所には、下から各階をぐるりとまわって登りつめた最上階に、立派な神殿が建っていた。その神殿のなかには豪華な寝具を備えた大きな寝台があり、そのかたわらに黄金の卓子があった。神殿には偶像は置いてなく、夜分に人間が訪れることはなかった。ただ、カルデアの祭司によると、ベル神がバビロニアのすべての女のなかから選んだ女性だけは別だったそうだ。夜になるとベル神みずからこの神殿に入り、その大きな寝台で寝たということだ。そして、神の妃として選ばれた女性は人間と交わってはなら

神と女王　女王ムテムウィアと神アムモーンの結婚。アムモーンは女王に生命のしるしを手渡している。紀元前1400年ころ、エジプト、ルクソールの神殿の浮き彫り。H・ブルンナーの素描『神の王の誕生』（1964年、オットー・ハラソヴィッツ出版所蔵）。

なかったという。ベル神はバビロニアの主神マルドゥクと同一の神なので、ベル神と寝所をともにした女性は、ハンムラビ法典に記されている「マルドゥクの妻たち」の一人だったと考えてまちがいない。

エジプトのテーベでは、一人の女がアムモーン神の妃としてその神殿で寝たが、バビロニアのベル神の妃となった人間の女と同じく、人間の男と交わることはなかったといわれる。エジプトの古書には、その女は「神妃」と記されていることが多く、たいていはエジプトの王妃にも劣らぬ高貴な身分であった。なぜなら、エジプト人によると、エジプトの王は実はアムモーン神から生まれた神が、しばし王の姿をとって国を治め、そのかりそめの姿で王妃と交わったとされるからである。エジプト最古の神殿の二つ、デイル・エル・バハリ神殿とルクソール神殿の壁面には、神の聖なる交わりの模様が彫刻され彩色されている。その壁画に添えられた碑文からその絵の意味がはっきり読みとれる。

神々を像と結婚させる慣習は、昔も今も広く行われている。ペルーのある村の先住民は、人間にかたどった石を神《ワカ》とみなし、十四歳くらいの美しい少女をその石の像と結婚させたとのことだ。村人がそろってその結婚式に参列し、三日も続く祝宴が繰り広げられた。その少女は生涯処女のまま、村人のためにその石の像にいけにえにされたのである。村人は少女に最高の敬意を払い、神と崇めた。

北アフリカのベルベル族の儀式も、いわゆる聖なる結婚、すなわち神と神の結婚のもう一つの例である。この儀式では二人の神を生きた人間が代行した。この儀式は今でもモロッコのベルベル族の一部が春に行っている。アンティアトラス山脈の小さな村ドゥズルーで、春がめぐりくると行われる。朝、夜明けとともに、村の若い娘たちが森に出かけて、草をつみ、枯れ枝を集める。やがて、マスケット銃の銃声を合図に娘たちが戻ってくると、村に残っていた女たちが、「幸福の花嫁《フィアンセ・デユ・ビアン》」と呼ばれる少女につき添って出迎える。その少女は白い花嫁衣装に身を包み、白い雌ロバに乗り、白い雌鶏を両手で抱えている。花嫁の一行に迎えられた若い娘たちは草の束を地面におろして、次のように歌いながら踊りだす。

村のモスクに幸福の花嫁をお連れしましょう
神さまはイスラム教徒に健康と豊作をくださるでしょう

一方、若者たちは果樹園にいって木を集め、モスクへもっていく。それから彼らは、娘たちと同じように、森へいって枯れ草を集める。若者たちが選んだ「幸福の花婿《フィアンセ・デュ・ビアン》」となる若い男は、花嫁と同じように白い衣装を着て、白い雄ロバにまたがり、白い雄鶏を両手で抱えている。この花婿を先頭に若者たちの行列は畑に向かう。しかし、半分ほど進んだところで、彼らは花婿のもとを離れる。ただし、一人だけ花婿のそばに残り、マスケット銃を手にして、妖霊《ジン》から花婿を守る。それから若者たちは腕いっぱいに草を抱えて戻ってくると、花婿を取り囲む。一人の若者がロバの足を紐で縛り、その紐のもう一方の端を花婿の首に結びつけて、花婿を前かがみにさせる。このとき護衛の若者がマスケット銃を一発撃つ。村じゅうに響き渡るこの銃声を合図に、村は騒然となる。男たちが銃をひっつかんで、花嫁に突進すると、娘たちに囲まれてロバに乗っている花嫁を、縛られた花婿のところへすごい勢いでまっしぐらに連れていくのである。そのとき男たちは口々に「しっかりつかまっていろ。落ちるな。落ちなければ、新しい年は恵みの年になる。落ちるなよ」と叫ぶ。花婿のそばにくると、若者たちはそこで止まる。すると、間髪を入れず、花嫁は花婿を縛っている紐を小刀で切り、「これで〈飢餓〉の首を切り落とした。神よ、願わくは〈幸福〉の首を蘇らせたまえ」と叫ぶ。花嫁は花婿を護衛する若者に伴われて一人で村に戻ってくると、もとのように娘たちに取り囲まれる。護衛の若者がマスケット銃を撃つ。これを合図に、若者たちが花婿をさっきと同じようにものすごい勢いで村まで連れ戻る。そのとき彼らは花婿に向かって一斉に「しっかりつかまっていろ。落ちるな。落ちなければ、新しい年は恵みの年になる」と叫ぶ。それから歌ったり踊ったり、大声をあげたり、マスケット銃を撃ったりして、花婿の幸運な帰還を告げるのである。これで儀式の第一幕が終わる。いましめを解かれ、勝利の帰還を果たした花婿が自然の復活を表し、花嫁が植物の精霊を表しているのはまちがいない。この二人が結ばれることで、春の生命の復活に影響を与え、豊かな春を迎える期待をこめているのだ。さて次は儀式の第二幕である。花婿と花嫁は並んで行進の先頭に立つ。このとき、男と女が行列で混じることはなく、若者たちは花婿のうしろに、娘たちは花嫁のうしろに続き、そろって歌をうたいながら行進し、楽しげにたえまなく「〈幸福〉を連れ帰るところだ」と繰り返すのである。

この風変わりな絵のように美しい行進で、夫婦を象徴する二人はモスクへと導かれる。そこで慣習の定めるところに従って花婿と花嫁だけで聖所に入ると、二つの扉が閉じられる。一方の戸口の前には若者と娘たちが残り、黙って見守る。もう一方の戸口にはマスケット銃をもった護衛がいかめしい顔で見張りに立ち、これから一時間、聖所のなかで行われる聖なる交わりの秘儀をのぞきたがる物見高い連中や無分別な連中を遠ざける。この聖所でどんなことが行われるのかはほとんどわかっていない。しかし、花婿と花嫁は「大天使ガブリエルの墓所」と呼ばれる場所で、花婿がそれまでの儀式のあいだじゅう抱えていた白い雄鶏の喉を切り、次いで花嫁の白い雌鶏の喉を切るといわれている。そして、二羽のいけにえの肉を料理して食べると、花婿は花嫁には拒めないさまざまな権利を主張する。それは部族の繁栄が、このつかのまの交わりによる完全なる結婚にかかっているからだ。夜になると、花婿と花嫁は別れて、それぞれ別の道を通って帰る。それから儀式の第三幕と終幕が続き、その悲劇の幕で花嫁は死ぬことになる。花婿と花嫁は別々に聖所の扉に向かう。花婿は護衛に「火を放て！」と叫ぶ。それを合図に、男たちが花婿のほうの戸口に殺到し、そこに積んであった枯れ草の山に火をつける。戸口から出てきた花婿は、燃え上がる炎をひと跳びで越えるが、生気を失い疲れきった花嫁は、戸口に積んだ枯れ草に娘たちが火を放った炎のなかに身を投じるのである。村の若者たちはこの「幸福の花婿と花嫁」を真似て、同じようなやり方で春の生命の復活を促そうとするともいわれている。村の広場に集まって、若い男と女がカップルになり、「幸福の夜」と呼ぶ一夜を過ごすのである。

北ビルマのシャン州の町チェントンでは、ノーウグ・トゥン湖の精霊が大きな力をもっているとみなされていて、毎年第八の月（七月ころ）にいけにえを捧げ、その精霊を宥める。この精霊崇拝のきわだった特徴は、四人の処女を花嫁として捧げる点にある。慣習では、この儀式は三年ごとに行われることになっている。しかし、一八九三年に首長（ソーボワ）が行って以降、一九〇一年まで、その後継者は行っていない。花嫁となる四人の娘は適齢期の未婚の女から選ぶが、なるべく美人でなければならない。祭りのあと、娘たちはさまざまないけにえや供物とともに、儀式に則って湖の精霊に贈られる。それから首長の館に連れていかれると、悪霊から守るために聖職者や長老によって腰に紐を結ばれる。たいていはその館でひと晩かふた晩過ごしたあと、自宅に帰される。その後は結婚してもかまわないようだ。この四人の娘に何事も起きなければ、湖の精霊からあまり愛されていないと信じられ、もし儀式のあと一人でもすぐに死んだら、その娘は精霊に迎え入れられたということになる。この精霊を宥めるのに、豚や鶏、ときには野牛をいけにえとして捧げる。

このシャン族の慣習では、女の死は神に迎え入れられたしるしとみなす。人間の花嫁を受け入れるか受け入れないか、花婿の思いどおりにはいかないこともあったらしい。花嫁は死んではじめて神のものになったのである。アラブ人は、エジプトを征服したとき、毎年ナイル川が増水する時期になると、水量が豊かになるのを願って、美しく飾りたてた若い処女を人身御供として川に投げ込む風習があるのを知った。アラブの将軍はこの野蛮な風習をやめさせたとのことだ。

ローマの王

以上、慣習と伝説について検討してきたが、そこから次のように推論できるだろう。植物の精霊も水の精霊も、その聖なる結婚を多くの人々が祝ってきたのは、動物や人間の生命を左右する大地の豊穣を促すためであり、こうした儀式では花婿たる神や花嫁たる神の役をしばしば人間の男や女が果たしている。これはネミの聖なる森に関する仮説をある程度裏づける証拠と考えられる。その仮説とは、植物と水の精霊が鬱蒼たる森、轟々と流れ落ちる滝、鏡のような湖といった形で存在していたネミの聖なる森で、人々は人間である「森の王」と神である「森の女王」ディアナの結婚を、「五月の王と王妃」の結婚のように毎年、祝っていたのではないかということだ。これに関連して、この森の重要な存在だったのが、水の精エゲリアである。エゲリアは、ディアナと同じく安産の神として、身ごもった女たちによって崇められていた。それから推して考えると、エゲリアの水も、ほかの多くの泉と同じように、安産だけでなく懐妊ももたらす効能があると思われていたと結論しても差し支えないだろう。明らかに子宝を祈願したと思われる供物がここから発掘されているが、これはおそらくディアナではなくエゲリアに捧げられたものだろう。あるいは、むしろこの水の精エゲリアこそディアナの別の姿といったほうがよい。

ローマの伝説によると、エゲリアはローマの王である立法者ヌマ・ポンピリウスと結婚し、ヌマに人間を超える知恵を与えたという。大昔の社会では雨を降らせ大地を実らせる責任を王に負わせることが非常に多かったことを考えれば、ヌマとエゲリアの結婚にまつわる伝説には聖なる結婚を連想させるものがあるといってもかまわないだろう。古代のローマの王たちは、そうした神あるいは呪術師としての役目を果たすために、きまった時期に植物と水の女神と聖なる結婚をしたのである。そうした結婚の儀式では、女神の役は偶像か人間の女が務めた。女だとすれば、おそらくその役を務めるのは王妃だったと考えられる。ヌマとエゲリアの伝説は、結婚の場が家ではなく聖なる森であったことを示している。人々はその結婚を、「五月の王と王妃」の結婚やブドウの神とアテナイの王妃の結婚と同じように、大地を豊かに実らせるだけでなく人間や動物を増やすまじないとして、毎年祝ったのではないか。ところで、この結婚はほかならぬ聖なる森でとり行われたとする物語がある一方で、すでにみてきたように、その聖なる森では「森の王」がディアナと結婚したと考えられるまったく別の根拠も数々存在する。こうした二様の研究成果を合わせ考えると、ローマの王とエゲリアが結婚したという伝説は、「森の王」とエゲリアまたはディアナの結婚をそっくり反映もしくは体現したものだったといえるだろう。これはなにも、ローマの王たちがかつてアリチアの森で「森の王」を務めていたということではなく、彼らはもともと同じような聖なる性格を備えていて、同じような条件でその役目を果たしていたという意味にすぎない。もっとはっきりいえば、彼らは王として生まれて統治していたのではなく、神の代理あるいは化身として神格をもって治めていたと考えられる。また、そうした神格を備えていたからこそ、女神と結ばれたのであり、さらには、神としての役目を果たすのにふさわしい者であることを、折にふれ証明してみせなければならなかったのだろう。そこで、彼らは肉体をかけて苛酷な戦いに挑み、しばしば命を落とすはめになり、戦いの勝利者に王冠を譲り渡すことになったにちがいない。ローマの王位についてはほとんどわかっていないために、こうした仮説のどれひとつ確信をもって正しいとはいえない。しかし、少なくとも、ネミの祭司とローマの王のあいだに、というよりたぶん、伝説が生まれる前の暗黒時代における遠い昔の先任者たちのあいだに、これらの点で類似性があることをはっきり示したり、暗示しているものが散見されるのである。

ローマの王はユピテルに劣らぬ神格を備えていたようだ。なぜなら、帝政時代にいたるまで、戦いに勝った将軍が勝利を祝うときや、行政長官が円形競技場で行われる競技の開会式を司るとき、ユピテルの扮装をしていたからだ。その衣装はカピトリヌス丘にあるユピテルの神殿から借りてきたものだった。ユピテルの扮装をした彼らはローマの王にならった伝統的な衣装と徽章《きしょう》を身に着けたにちがいないと考えられてきた。彼らは月桂冠で飾った四頭の馬がひく戦車に乗り、人々が歩いている市中を駆けぬけた。金糸で刺繍をしたり黄金をちりばめた紫色の礼服をまとい、右手には月桂樹の枝、左手には先端に鷲の像のついた象牙の笏《しゃく》をもっていた。頭には月桂冠をかむり、顔を朱で彩っていた。頭上にはオークの葉にかたどったずっしりと重い黄金の王冠を奴隷がかかげていた。鷲はユピテルの鳥、オークはユピテルの聖なる樹を表し、カピトリヌス神殿にあるユピテルの像は、四頭だての戦車に立ち、その顔面が祭りのときに必ず朱で彩られたからだ。実際、神の顔を朱で彩っておくのはきわめて重要であって、その確認をすることが監察官の第一の任務の一つだったほどである。

ヌマとエゲリアの伝説には、祭司たる王が女神の花婿の役を務めていた時代を連想させるものがあるようだ。そして、すでにみたように、ローマの王がオークの神の化身だとみなす根拠があり、プルタルコスによるとエゲリアはオークの精だったので、聖なる森でローマの王とエゲリアが結ばれたという伝説から推論すると、帝政時代のローマでは、ローマの王とオークの女神との結婚がきまった時期に行われており、それは類感呪術によって植物の生育を促すのが目的だったにちがいない。この儀式の先例をたどれば、ローマ人の祖先がヨーロッパの中部や北部の広大なオークの森でオークの神とオークの女神を結婚させた時代にまで遡れるのではないか。今日のイングランドには、森林がほとんどなくなってしまったが、それでも多くの村の広場や田舎の小径で行われる五月祭の素朴な祭礼には、聖なる結婚のささやかな名残がみられるのである。

第九章　オーク崇拝

すでに示したいくつかの根拠から、古代ラティウムの王たちはオークの神、天空の神、雨の神、雷の神であるユピテルの生ける姿を気取っていたと考えられる。また、彼らはユピテルに扮することで、この神が果たしていた豊穣をもたらす役目を果たそうとしたと思われる。こうした見方もおおいにありうるとするには、その裏づけとして、ヨーロッパのアーリア系のほかの民族も別の名称でこうした神を崇めており、また、神の力と神性をみずからもつと称したのが古代ラティウムの王だけではなかったということがわかればよい。そこで、この章では、そうした結論を得るための主だった事実をいくつか簡単にまとめてみたい。

歴史の夜が明けるはるか以前、ヨーロッパは広大な原始の森で覆われていた。薄暗い森のなか、あるいは林間の空き地や開墾地に暮らしていた未開の先祖たちは、その生活ばかりでなく、ものの考え方にもこの原始の森の影響を深く受けてきたにちがいない。森を形づくっていた樹木のうち、オークが最もありふれた木であり、最もよく利用された木だったようだ。それを裏づけるものとしては、古代の人々が書き残した記述や、湖や沼に築かれた先史時代の湖上住居の村の遺跡やら、泥炭地に埋もれたまま発見されたオークの森などがある。

こうした泥炭地は、ヨーロッパ北部に最も多いが、中部や南部にもみられる。氷河期が終わったあと芽を出し繁茂した樹木や植物が保存されてきた博物館のようなものだ。アイルランドの大泥炭地は、この国がかつては広大なオークとイチイの森で覆われ、海抜四百フィートあたりの丘陵地帯にはオークが生えていて、それより高いところにはモミが多かったことを示している。このアイルランドの泥炭地からは人類が残した遺跡もたびたび発見されており、オーク材を敷いた古代の道路も見つかっている。フランスのソンム川の流域、アブヴィルの泥炭地からは、旧大陸の熱帯地方以外ではめったにお目にかかれない、直径十四フィートもあるオークの幹が発掘されている。

古代にはオークがきわめて多く、人間がおおいに利用していたことをはっきり示しているのが、ヨーロッパの多くの湖から発見された先史時代の湖上住居の村の遺跡である。イギリスの島々、ヨーロッパ中部、イタリアのポー川流域などでは、こうした湖上住居の土台になっている杭《くい》は、モミ、カバなどもときには使われていたが、やはりオークが多かったようだ。さらに、人類が大地を耕作するようになる前は、オークの実を食べていたという古い伝説も、あながち根拠がないわけではない。現に、有史時代になってからも、ヨーロッパ南部にはオークの実を主食にしていた地方があった。ギリシアの詩人ヘシオドスは正義の人々が栄えることについて述べた一節で、彼らのために大地は豊かな実りをもたらし、山々のオークは実をつけけんと書いている。また、ローマの歴史家ストラボンによれば、スペインの山岳民族は一年の三分の二をオークの実でつくったパンを食べて暮らし、裕福な家庭の食卓でもふた皿目にオークの実が出されたそうだ。この地域ではその習慣が近代まで残っていた。近代のギリシアで最もありふれて見られる最も美しいオークは、樹冠が見事なクエルクス・アエギロプスで、農民はその実を生のままか煎《い》って食べている。これよりも甘みのあるクエルクス・バロッタの実も、特にアルカディア地方で食料とされている。スペインではベロッタと呼ばれる常緑のオーク（クエルクス・イレックス）の実を食べる。これはイギリスのオークの実よりもずっと大きく水気が多いといわれている。『ドン・キホーテ』には、公爵夫人がサンチョ・パンサの妻にこの実を送るという手紙を書く一節がある。しかし、『ドン・キホーテ』の舞台となったラマンチャでは、今やオークはめったに見られない。

このように、ヨーロッパの古代アーリア人はオークの森で暮らし、オークの枯れ枝を使って火を熾《おこ》し、オーク材で村や道路やカヌーをつくり、オークの実を豚の飼料にし、この実を素朴な食事の一品にしていたと結論してもよいだろう。これほど多くの恵みをオークから受けていたとすれば、信仰でもオークが重要な役割を果たし、神格を与えられていたのも不思議ではない。前にも述べたように、樹木崇拝は世界で広く行われていた。最初は強力な精霊の化身として素朴に崇め畏れていたのが、しだいに樹木の神や樹木の女神の崇拝へと進んでいった。さらにものの考え方が発達するにつれて、神々は棲み家の樹木から引き離され、森の神の性格と豊穣の力をもつとみなされるようになり、農民は作物の豊作だけでなく、家畜や女の多産までも森の神をあてにするのである。しかし、ここで忘れてならないのは、おそらくすべてのオークが迷信的な畏れの対象だったので、材木や薪《たきぎ》にするために一本でも切り倒すときは、傷つけてしまったその樹の精霊を宥めるための儀式を行っていたと思われるのにたいして、いわゆる崇拝という言葉があてはまるほどの敬意を払っていたのは特定の森あるいはオークにたいしてだけだったことである。人々がある樹木をほかの木よりも崇めるようになる理由はさまざまだ。たとえば、ドルイド教の祭司は、オークの樹にヤドリギが生えると、その樹がとりわけ神聖であるしるしと考えた。ヤドリギはふつうオークには寄生しないので、これはめったにないことだから、その木の神聖さと神秘性がいっそう高まるというわけだ。なぜなら、人間の信仰心をかきたてるのは、見慣れたありふれたものではなく、不思議なもの、驚嘆すべきもの、珍しいものだからである。

オークの樹あるいはオークの神の崇拝は、ヨーロッパのアーリア系のすべての民族にみられたようだ。ギリシア人もイタリア人もオークを天空、雨、雷の神である最高神ゼウスあるいはユピテルと結びつけていた。ギリシア人が雨を祈願する神はゼウスときまっていた。それは当然の成り行きである。ゼウスのいますところは、必ずとはいえないまでも、たいていの場合、雨雲がわき、オークが茂る山だったからだ。アテナイのアクロポリスには、大地の神がゼウスに雨を祈願している像があった。また、アテナイの人々は、旱魃のとき、「ゼウスの神よ、アテナイの畑に、野原に雨を降らせたまえ、雨を恵みたまえ」と祈った。古代イ

自然崇拝：水　自然界のさまざまな様相のなかで、宗教的な崇拝の念を起こさせたのは水と泉である。

ローマ時代、イングランドのバースにある泉には薬効があると信じられていた。バースの温泉の守護神、スリスミネルウァの神殿から出土したゴルゴンの頭部（バース、ローマ博物館所蔵）。

タリアでは、一本一本のオークがイタリアのゼウスであるユピテルの聖なる樹とされていた。また、ローマのカピトリヌス神殿に祀られたユピテルは、オークの神としてだけでなく、雨と雷の神としても崇拝されていた。

ヨーロッパの南部から中部へと目を転じると、ここでも広大な原始林に暮らしていた未開のアーリア人にオークと雷の大神への崇拝がみられる。たとえば、ガリアのケルト人の場合、ドルイド教の祭司はヤドリギの生えているオークの樹をなによりも神聖だとみなした。

彼らはオークの森を荘厳な礼拝の場とし、儀式には必ずオークの葉を用いた。「ケルト人はゼウスを崇め、ケルト人のゼウスを表す偶像はオークの高木である」と、あるギリシア人が記している。

18世紀になると、バースはまだ温泉地としては有名だったが、その泉はもう神の化身として崇拝されることはなかった。バースで保養する人たちを描いた風刺画（ヴィクトリア美術館所蔵）。写真：バース市議会

古代ゲルマン人の宗教では、聖なる森の崇拝がことに重要な位置を占めていたようで、グリムによれば、その聖なる樹木の最たるものがオークだった。オークはとりわけ雷神に捧げられていたらしい。この雷神はドゥナールまたはトゥナールと呼ばれ、古代スカンジナビアのトールにあたる神である。ヘッセンのガイスマルの近くにあった一本の聖なるオークは、八世紀にイギリス人伝道士ボニファティウスによって切り倒されたが、異教徒のあいだでは「ユピテルのオーク」として知られていた。これは古代ゲルマン語で「ドゥナールのオーク」となる。北欧民族の雷神ドゥナール、トゥナール、トールがイタリアの雷神ユピテルと同じだったことは、英語の木曜日が「トゥナールの日」という意味で、それはラテン語の

「ユピテルの日」の訳にほかならないことにも表れている。古代北欧民族も、ギリシア人やイタリア人と同じく、オークの神は雷神でもあると考えていたのだ。さらに、この神は雨を降らせ、大地に実りをもたらす偉大な豊穣の力をもっているとみなされていた。ブレーメンの年代記作者アダムは「トールは天空にあり、雷と稲妻、風と雨、好天と作物を司る」と書いている。したがって、この点でも、北欧民族の雷神は南欧のユピテルやゼウスと似ているのである。さらに、トールはユピテルやゼウスと同じく、万神を祀る神殿の主神だったらしい。ウプサラの大神殿ではトール像がオーディン像とフレイ像のあいだに鎮座していたし、また、この古代北欧の三神にかけて誓う言葉でも、最初に唱える神の名がこのトールだったからだ。

やはり思ったとおり、ヨーロッパにおける古代のオーク崇拝は、近代にいたるまで、民間伝承の慣習や迷信にその名残をとどめてきた。たとえば、フランスのメーヌ県では、畑にぽつんと生えているオークの樹が今でも崇拝されているそうだ。もっとも、キリスト教の牧師はその樹に聖人の像をかけて、オーク崇拝にキリスト教色を加えようとしたという。ドイツのニーダーザクセンやウェストファーレンには、十九世紀前半になってもまだ、特定のオークの樹を神聖視する慣習が残っているところが多く、人々はそのオークの樹を半ば異教徒的、半ばキリスト教的に崇めていた。ロシアのプスコフとリヴォニアのあいだを流れるミクシー川のほとりには、いじけて枯れてはいるが聖なるオークの樹が立っていて、少なくとも一八七四年までは近隣の農民から崇拝されていた。その儀式を実際に見た人の書き残したものがある。それによると、おおぜいの人々が、そのほとんどはギリシア正教の信者エストニア人だが、家族ともども盛装して、その樹のまわりに集まってくる。蠟燭を手にした人たちが、その蠟燭を幹や枝にさす。やがて、聖衣をまとった司祭がやってきて、聖歌を歌いはじめる。それはふつう東方正教会で聖人を讃えて歌う讃美歌のようなものだが、司祭は「聖人よ、われらのために主に祈りたまえ」という代わりに、「聖なるオークよ、ハレルヤ、われらのために祈りたまえ」というのである。それから司祭は香を焚いて樹のまわりに供える。この礼拝のあいだじゅう、オークの蠟燭に火がともされ、人々は地面にひれ伏して聖なる樹を礼拝する。司祭が引きあげても、信者たちは夜遅くまで残り、オークの蠟燭の火をともしつづけて、ごちそうを食べ、酒を飲み、踊り明かす。しまいに一人残らず酔っぱらい、この儀式は狂宴と化すのである。以上のことから、オークの神、雷の神、雨の神はその昔、ヨーロッパのアーリア系の主な民族によって崇拝されており、万神殿《パンテオン》の主神だったと結論できる。

この結論をネミの祭司、「森の王」にあてはめてみたい。古代ギリシアやラティウムの時代には、王の支配といっても、大体は実際に統治していたのではなかった。しかし、それらの王の血統や称号や特権にまつわるさまざまな伝承は、彼らも神格をもって支配し、超人間的な威力を発揮できると主張していたことを十分に示している。そこで、のちにはその栄光をはぎとられ、零落《れいらく》したとはいえ、ネミの「森の王」が代々続く聖なる王を代表する存在であったと考えても、あながちはなはだしく無謀とはいえないだろう。ネミの「森の王」は、かつて人々がさまざまな祝福を与えてくれると信じて、崇拝するだけでなく恭順すら示してきた代々の聖なる王の継承者だったといってもよい。アリチアの森のディアナが果たしていた機能については少ししかわかっていないが、それでもディアナが豊穣の女神、とりわけ出産の女神と崇められていたのはまちがいないようだ。したがって、ディアナがこの大切な役目を果たすのに祭司の助けを得ていたと考えても差し支えないだろう。そして、ディアナと祭司は、春には大地に花を咲かせ、秋には実りをもたらし、人間の男と女には健《すこ》やかな赤子を授けて喜ばせるために行われる聖なる結婚で、「森の王」と「森の女王」に扮したにちがいない。

ネミの祭司が単なる王ではなく森の神を装っていたとすれば、特にどんな神の化身だったのかという疑問が生まれる。それにたいする古代の人々の答えは、祭司はディアナの配偶者または愛人ウィルビウスを表していたというものだ。だが、これではわれわれの疑問を解決するのにたいして役にたたない。ウィルビウスについてわかっているのは名前くらいなものだからだ。この謎を解く手がかりは、たぶんネミの森に輝いていた火の女神ウェスタの聖火にあるだろう。なぜなら、ヨーロッパのアーリア民族が崇めた永遠に消えない聖火は、たいていオークの薪を使って熾され燃えつづけてきたと思われるからだ。また、ネミからそう遠

自然崇拝：火　多くの文化で、火は神聖と霊力の象徴とされている。フレーザーは、火の崇拝には、前提条件として、火がもつ豊穣と浄めの力への信仰があったと考えた。そして、その考え方をオークの神聖さと結びつけたのは、オークが先史時代のヨーロッパ各地で火口の主材料として使われていたからだ。

（上）インドでは、火には霊力があるとされていた。これは15世紀のジャイナ教の宗教画で、「五つの火の苦行」が描かれている。行者が四つの火と、五番目の火である太陽に囲まれて坐り、それらの火の霊力を吸収している（ボストン美術館所蔵）。

（下）ゾロアスター教徒は今でも火こそ善の顕示とみなし、火には生命を与える力があると信じているが、それは儀式やタブーに表れている。イランのナクシェロスタムの遺跡にある古代の火の祭壇。写真：ロンドン、ロバート・ハーディング・アソシエイツくないローマでも、ウェスタの聖火はオークの薪か丸太を燃料にしていた。古代ローマでは、聖なる乙女たちが、かつては七丘を覆っていたオークの林からその薪を集めたり、丸太を切り出していたのはまちがいない。しかし、古代ラティウムのさまざまな町で行われていた儀式は非常に似通っているのが特徴だったようだ。したがって、ラティウムでウェスタの聖火を守っていた町では、ローマと同じく、聖なるオークの樹を燃やしていたと考えてもよいだろう。ネミでもそうだったとすれば、その聖なる森はオークの自然林だったと思われるし、だからこそ、「森の王」が命をかけてまで守らなければならなかった樹木はまさしくオークだったのではないか。実際、ウェルギリウスによれば、アイネイアスが「金枝」を手折りとった木は緑なすオークであった。ところで、オークは古代ラティウムの最高神ユピテルの聖樹であった。そこで、曲がりなりにもオークに命をかけていた「森の王」は、ユピテルに劣らぬ神の化身だったということになる。少なくともささやかな証拠ではあるが、この結論を指し示していると思われる証拠もある。すると、伝説ではディアナの祭司だとしているウィルビウスは、天空の神、雷の神、オークの神ユピテルの、この地方特有の姿にほかならないといえるだろう。この偉大なる神に関する以上のような考え方が正しいとすれば、その多様な性格を形づくっているそもそもの基本はオークにあった。だから、ウィルビウスがネミでは人間の姿で暮らしていたと信ずべき理由はすでにみたとおりだが、そのネミの祭司がオークの森で暮らしていたのは当然なのである。「森の王」という称号が明らかに示しているように、彼が仕えるのは森そのものの神である。彼を襲うことができるのは、森の特定の樹の枝を手折った者だけだということから、彼の生命はその聖なる樹と切っても切れない関係にあったといえる。このように、ネミの祭司はアーリア民族の崇めるオークの神に仕えていただけでなく、その神の化身でもあった。そして、オークの神として、エゲリアとかディアナと呼ばれるオークの女神とめあわせられた。この神々の結婚がどのような形で行われたにせよ、その結婚は大地の豊穣と人間や獣の多産にとって欠くことのできないものだとみなされたはずだ。さらに、オークの神が天空の神、雷の神、雨の神となったように、オークの化身である人間も、ほかの多くの聖なる王と同じく、畑や果樹園に豊かな実りをもたらし、牧場一面に草を茂らせるために、適切な季節に雨雲を集め、雷を轟かせ、雨を降らせるよう求められたであろう。これほど崇高な力の持ち主だとみられていたなら、よほど重要な存在だったにちがいない。その聖所跡から発見された建物の遺跡や奉納の供物の遺物を見たり、古代ギリシア・ローマ時代に書かれた記述を読めば、この聖所がイタリアで最もよく知られていた最大の神殿の一つであったことはまぎれもないのである。その周囲の平野一帯がラテン同盟を結んでいた小部族に分割されていた昔でさえ、この聖なる森はそれらの部族によって一様に崇拝され大切にされていたことがわかっている。そして、あのカンボジアの王が熱帯の昼なお暗い森の奥深くに住む神秘的な「火の王」と「水の王」に供物を送っていたのと同じように、この地でも、人々はラティウムの広大な平野の各地から眼前にアルバン丘陵がそそりたつこの場所に目を向け、足を向けたにちがいないのである。青くかすんで連なるアペニン山脈やそれより深い青のはるか遠くの海を背に、アルバン丘陵がくっきりときわだつここに、「森の王」と呼ばれる神秘的なネミの祭司の棲み家があったのだ。その緑の森のなかやもの寂しい山あいの静かな湖畔で、古代アーリア人はオークの神、雷の神、雨の神を崇拝し、その崇拝は昔のドルイド信仰に似た形で連綿と続けられ、政治形態や知識が大きく変化して、古代ギリシア・ローマの宗教の中心が森から都市へ、ネミからローマへと移ったあともずっと続いてきたのである。

第二部　タブーと霊魂の危難

タブーとは、生命を維持するために考えられた、行動や不作為を定める一連の掟である。北アフリカのトゥアレグ族の衣服は、そうした掟に従って、霊魂が外界によって汚されるのを防ぐように工夫されているようだ。グラナダ・テレビ制作『失われゆく世界』。

第一部でみたように、「森の王」は単なる空疎な称号ではなかった。「森の王」という称号は、はるか昔、ディアナを祀る祭司が呪術師と王の役割を果たしていた時代を指し示しているのである。そのころの王たちは好天と豊かな作物や動物をもたらしてくれると考えられていたので、王がどのように生き、どのように死ぬかが人民にとって何ものにもまさる重大事だと思われていた。そこで、この第二部でフレーザーは、王が生き延びるための方策に目を向け、まず生命を脅かす危険（霊魂の危難）について、次いでその危険に打ち勝つ方法（タブー）について述べている。

王が克服しなければならない危険の多くは、人間のつくり出したものではないけれども、感染呪術と同じ原理で王の身を脅かす。タブーは、感染を防いだり、あるいは感染呪術の作用を防ぐことで、命を長らえさせるためにつくり出される。王の場合、タブーは社会のために王の命を守るためのものだが、それと同時に、王の発する呪力が感染の原理で社会に影響を与えかねないので、その呪力から社会を守るためのものでもある。したがってタブーの威力は両刃《もろは》の剣《つるぎ》となる。王であろうと民であろうと、人はそれぞれ自分でわが身を守る予防策を講じるが、その予防策は同時にその人の隣人、ひいては社会全体を守ることにもなるのである。

第一章　王者の重荷

古代の社会では、王あるいは祭司は超自然的な力を備えているとか、神の化身だとみなされることが多い。そう信じていれば当然のことだが、人々は自然の運行は多かれ少なかれ王が支配していると考え、したがって悪天候や不作などの災害は王に責任があるとされる。王は、人民や奴隷にたいするのと同じように、自然にたいしても、明確な意思をもって威力をふるうものだとみなされているようだ。そこで、旱魃、飢饉、疫病、暴風雨などに見舞われると、人々はその災厄を王の怠慢や罪悪のせいだとして、王を笞打《むちう》ったり、王に枷《かせ》をかけたりする。それでも悔い改めないと、王位を剝奪して殺してしまうのである。しかし、自然の運行は、王に支配されているとみなされてはいても、ときには王の意思とは無関係な部分もあるとされる。王という存在は、いってみれば、宇宙の動きの中心であり、そこから威力を天空の四方八方へ放つと考えられている。そこで、王の動作はすべて――頭を動かしたり、手を上げたりするようなことでも――たちどころに自然界のどこかに影響を及ぼし、自然界の秩序をひどくかき乱してしまうことになる。王は宇宙のバランスをとる支持点で、ほんのわずかでも秩序を乱すようなことをすれば、その微妙な均衡を崩す結果になりかねない。そのため、王のほうも細心の注意を払わなければならないと同時に、人々も王にたいして細心の注意を払う必要がある。そして、王は、意識的な行動であろうと無意識の行動であろうと、その行動によって自然の秩序を乱したり狂わせたりしないように、ごく些細な点にいたるまで全生活を律しなければならない。この種の君主としては、日本の神格をもつ天皇である帝《ミカド》あるいは内裏《ダイリ》が典型的な例である。というよりはむしろ、かつてはそうであったといったほうがよい。日本の帝は、太陽の女神の化身、天照大御神として、神々と人々を含めた宇宙全体を支配している。毎年一度、八《や》百万《およろず》の神々が帝のもとを訪れ、宮廷で一ヵ月を過ごす。その月は「神無月」と呼ばれ、神社には神が不在だと信じられていたので、誰一人詣でる者はいない。帝は「明神《あきつかみ》」（現人神《あらひとがみ》）という称号で人民から呼ばれ、宣命《せんみょう》や律令でもその称号が用いられ、さらに、日本の神々の上に君臨すると主張する。たとえば、六四六年に公布された改新之《かいしんの》詔《みことのり》では、天皇は「宇宙を支配する神の化身」と記されているのである。

西アフリカのコンゴ王国には、チトメあるいはチトンベと呼ばれる大祭司がおり、地上の神にして天上の全能者とみなされていた。そこで、人々は収穫期最初の穀物を収穫すると、食べる前にまず初穂をチトメに供えた。この掟を破ると、さまざまな災厄に見舞われると恐れたのである。チトメが住居を離れ、管轄区内のほかの場所を訪れて不在のあいだは、すべての既婚者は厳しい禁欲生活を続けなければならなかった。少しでも色欲にふけると、チト

宇宙の要としての王　中国の象徴主義は皇帝に世界のイメージの衣服をまとわせた。これは宣宗帝（1820–50）の竜の模様の王衣で、天と地、自然の四元と生物界、そして審判と処罰を司る皇帝の力の、それぞれの象徴を表している（ダーラム、ガルベンキアン東洋美術館所蔵）。

メの身に致命的な災いがもたらされると思われていたからだ。また、チトメが自然死した場合も、この世は滅び、チトメがその威力と功徳で支えてきた大地がたちどころに崩壊すると考えられていた。同じく、アンゴラの王国フンベでも、思春期前の少年少女が色欲に耽るのは死刑に値する重大犯罪とされていた。そのような行為はその年のうちに王の死を招くと信じられていたからだ。最近になって、死刑に代わって、この罪を犯した者一人につき牛十頭の罰金刑を科すことになった。おかげで、いまだに昔ながらの刑罰が厳しく執行されている近隣の部族から、おおぜいの放埒《ほうらつ》な若者たちがフンベへ押し寄せてくるようになったという。

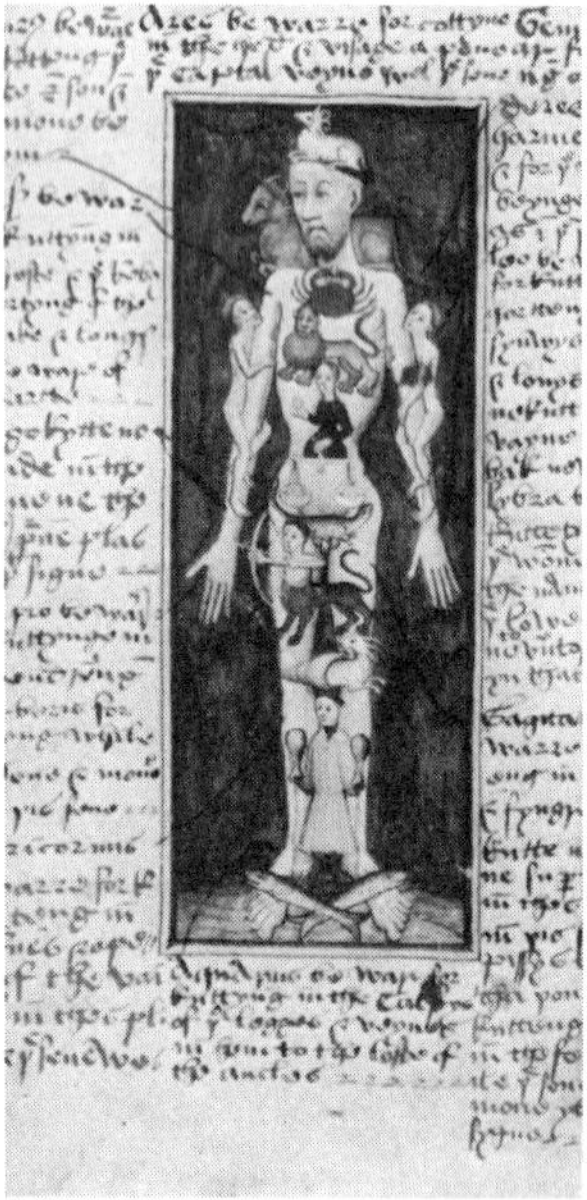

人間と宇宙　王は宇宙の要であるが、王にとって真実であることは、原則としてすべての人間にとっての真実となる。
　黄道十二宮の各宮の影響力が体のどの部分に及ぶかを示した男の像。中世の写本、アシュモール写本370、28vページ(オックスフォード大学、ボドリアン図書館所蔵)。

日本や西アフリカのように、自然の秩序が、そして宇宙の存在そのものまでが、王あるいは祭司の生命と密接につながっていると信じられているところでは、明らかに、王は人々から無限の恵みと無限の危険をもたらす存在だとみなされていたにちがいない。無限の恵みをもたらす存在として、人々は大地の作物を実らせる雨と太陽を、舟を陸に向かって運んでくれる風を、そして自分たちが踏みしめる大地を、王に感謝しなければならない。だが、王のほうは、なんであれ人々に恵むのを拒むことができる。王という存在が自然の運行を非常に大きく左右し、また、王を中心としたもろもろの力が非常に微妙なバランスをとっているので、王の側に少しでも秩序を乱すようなことがあると、たちどころに大地を根底から揺り動

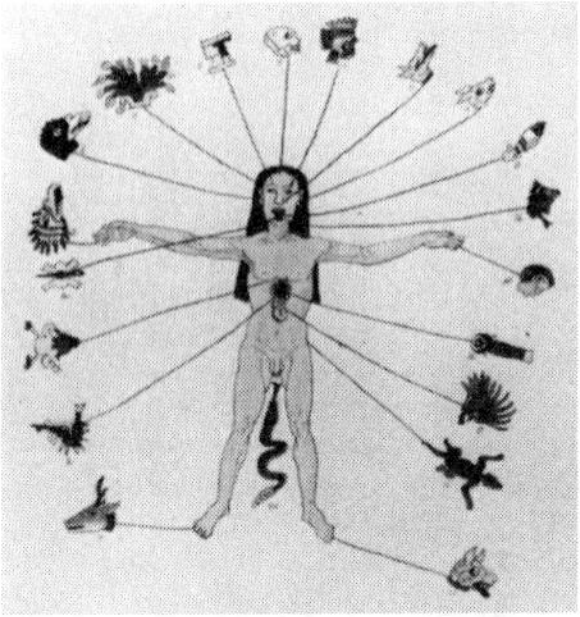

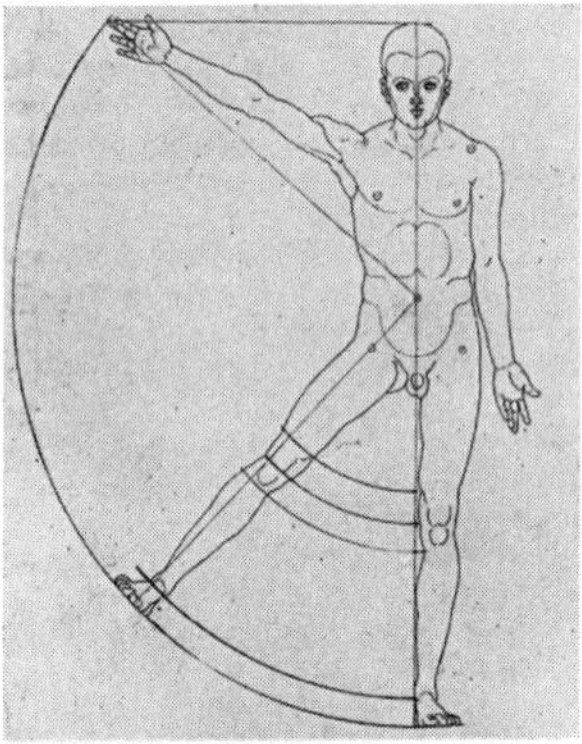

(上) アステカ族の男と体の各部分を司る宮の絵。キングズボロー『メキシコの文物、1830～48』(オックスフォード大学、ボドリアン図書館所蔵)。
(下) デューラーは人間と宇宙の調和という考え方を人体の寸法にあてはめた。『ドレスデン素描集』、写本R147、112vページ (ドレスデン、ザクセン州立図書館所蔵)。

かすほどの震動を引き起こしかねないのだ。ほんのちょっとした無意識の行為ですら自然をこれほどかき乱すのであれば、王の死がどれほどの激動を引き起こすものか、容易に想像がつく。前にも述べたように、チトメの自然死は万物の壊滅をもたらすと考えられていた。王の軽率な行為や、それにもまして王の死が人々の安全を脅かすと思っていたからこそ、人々はわが身の安全のために、王や祭司に種々の掟を厳しく守るよう迫るのである。それらの掟に従って行動することは、王自身の保身のために必要であり、それが結局は人々と宇宙の安全を守ることになるとみなされるからだ。古代の王国は人民が君主のためにのみ存在する独裁君主制だとする見方があるが、今ここで扱っている国々にその見方はまったくあてはまらない。逆に、これらの王国では君主は人民のためにのみ存在しているのである。王の生命は、人々のために自然の運行を支配することで王としての義務を果たすかぎりにおいてのみ、価値があるのだ。だから、王がその義務を果たさないと、それまで人々が王に惜しみなく捧げてきた心づかい、献身、崇拝はたちまち影を潜め、憎しみと軽蔑に変わってしまうのである。そのあげく不名誉にも王位を追われた王は、命からがら逃亡できればもうけもので、神として崇拝されていた王が、次の日には犯罪者として殺されるのだ。だが、人々の王にたいするこの一転した態度は、気まぐれでもなく矛盾しているわけでもない。それどころか完全に首尾一貫している。王が神であるなら、人々の保護者でもあり、またそうあるべきなのだ。そして、王に人々を保護する気がないのなら、その志のある者に王位を譲るべきなのだ。しかし、王が人々の期待に応えているかぎり、人々は限りなく王を大切にし、王にもわが身を大切にするよう求める。この種の王は、さまざまな禁止事項や遵守《じゅんしゅ》事項が縦横に設けられている儀式ばった礼式に縛られて暮らしている。そうした禁止事項や遵守事項が設けられているのは、王の威信を保つためでなく、ましてや王が安閑と暮らすためでもない。王が自然の調和を乱して、王自身と人々と宇宙を一挙に破滅に追い込むような行動をとらせないためである。

祭司に課されたタブーについては、ローマの祭司フラメン・ディアリスのために定められた生活規範に実に驚くべき例がみられる。ユピテルの化身、天空の霊の化身とされていたディアリスにたいする生活規範は次のとおりである。馬に乗ってはならず、馬に手を触れてもならない。武装した軍隊を見てはならない。無傷の指輪をはめてはならない。衣服のどこにも結び目があってはならない。聖火以外の火を家から持ち出してはならない。小麦粉や酵母入りパンに手を触れてはならない。山羊、犬、生肉、豆、蔦に触れることはもちろん、その名前を口にすることもならない。ブドウの下を歩いてはならない。寝台の脚には泥を塗っておかなければならない。ディアリスの髪の毛を切ることができるのは自由人だけで、それも青銅の小刀で切る。切った髪の毛と爪は必ず縁起のよい木の下に埋める。屍体《したい》に触れてはならず、屍体を焼いた場所に足を踏み入れてはならない。聖日に、人々が働いているところを見てはならない。戸外で裸になってはならない。囚人が家に連行されてきたら、縄を解《ほど》いてやり、その縄を屋根の穴から通して、通りにたらしておかなければならない。ディアリスの妻で巫女のフラミニカもこれとほとんど同じ規範を守らなければならず、そのうえフラミニカにだけ課された規範もあった。「ギリシア人」と呼ばれる一種の段梯子《だんばしご》を三段以上登ってはならない。祭りでは髪に櫛を入れてはならない。革靴は自然死した獣の皮でつくってはならず、殺された獣かいけにえにされた獣の皮しか使えない。雷鳴を聞いたときは、鎮めるためにいけにえを捧げなければならない。

第二章　霊魂の危難

以上にあげた例からわかるように、聖なる王あるいは祭司という立場は、一連のわずらわしい制限、すなわちタブーによって縛られていることが多い。そうしたタブーの第一の目的は、人々のために聖なる人物の生命を守ることにあるようだ。だが、そうだとすれば、「タブーの遵守がどうしてその目的を果たすことになるのか」という疑問が生じる。この疑問を解き明かすには、王の生命を脅かしている危険の本質、そして、王の生命を守るためにはこうした奇妙な制限を課さなければならないほどの危険の本質を知る必要がある。それには次のような疑問を解明しなければならない。古代の人間は死をどのように理解していたのか。死をもたらす原因がどこにあると思っていたのか。そして、どのようにしたら死から身を守れると思っていたのか。

一般に未開人は、無生物である自然のもろもろの作用は、その現象のただなか、あるいはその現象の背後で働いている生きとし生けるものがつくり出していると考えており、生命の現象そのものについてもこれと同じように解釈している。たとえば、動物が生きて動いているのは、その動物の体のなかに別の小さな動物がいて、動かしていると考える。人間が生き

霊魂の危難：霊魂が肉体から離れるのを防ぐ
上海で発見された銀の南京錠。子どもの霊魂が体から離れるのを防ぐのに使われた（オックスフォード大学ピット・リヴァーズ博物館所蔵）。

て動いているのも、その人間の体のなかに別の小さな人間あるいは動物がいて、動かしているからにほかならないとする。その動物の体のなかにいる動物、人間の体のなかにいる人間、それが霊魂なのである。動物や人間が活動するのは霊魂が存在するからであり、睡眠や死といった活動の停止は、霊魂が存在しなくなるからだとする。すなわち、睡眠や失神は霊魂が一時的に存在しなくなった状態で、死は霊魂が永遠に存在しなくなった状態なのだ。したがって、霊魂が永遠に存在しなくなった状態を死とするなら、それを防ぐには、霊魂が肉体から離脱するのを防ぐか、あるいは、すでに離脱してしまったあとなら、取り戻すしかないことになる。そこで未開人のとった方法が、一定の禁止あるいはタブーを設けるという形になったのである。それらこそが、霊魂を永遠に存在させるか、取り戻すことを目的としたさまざまな掟にほかならない。要するに、そうした禁止やタブーは生命を守る護衛役を果たしているのである。

ある人々によると、マネキンと人間が酷似しているのと同じように、霊魂と肉体は非常によく似ていて、太った肉体と痩せた肉体があるように、霊魂にも太ったのと痩せたのがあるほどだという。体重に軽重があり、身長に高低があるように、霊魂にも重いものや軽いもの、背の高いものや低いものがあるという。したがって、パンジャブ地方の刺青《いれずみ》をする人々は、人が死ぬと、霊魂、すなわち人間の肉体に宿る「小さいが、完全に人間と同じ男か女」が、生前にその肉体を飾っていたのとまったく同じ刺青模様をつけて昇天すると信じている。しかし、ときには人間の霊魂が人間の形をとらずに動物の形をとると考えられることもあるが、これについてはあとで述べる。ふつう霊魂は人間の体が生まれつき備えている開口部、特に口や鼻孔から離脱すると思われている。文明化された民族が使う言語に、心臓が口まで飛び出す（ほどびっくりする）とか、魂が唇や鼻にあるといった慣用表現があるのは、生命あるいは霊魂が口や鼻孔から離脱するという考え方がいかに自然であるかを物語っている。

アフリカのバペディ族の女と子ども。女が首からぶら下げている薬袋は、子どもの霊魂を守るためのものである（キンバリー、アレクサンダー・マクレガー記念博物館、ダガン・クローニン・ギャラリー所蔵）。

霊魂はまさに飛び立とうとしてい

る鳥だとみなされることも多い。こうした霊魂のとらえ方の形跡はおそらく大多数の言語に残っており、詩歌では比喩として今でも使われている。しかし、現代ヨーロッパの詩人にとっては比喩であっても、先祖の未開人は大まじめにそう思っていたのであり、現在でもそう思っている人は多い。たとえばジャワでは、母親が赤ん坊をはじめて地面におろすとき（未開人はこの瞬間を特に危険だと思うらしい）、鶏の檻に入れて、まるで鶏を呼ぶようにコッコッコッという。また、西ボルネオのシンタンという地方でも、誰かが激しい恐怖に襲われたり、重大な危難をかろうじて免れたり、危険な長旅から帰ってきたり、厳粛な誓いをたてたとき、その人の身内や友人たちは何はさておき、「コッコッ、魂よ」とつぶやきながら、黄色く染めた米をその人の頭にふりかけるのである。

眠って夢を見ている人の霊魂は、その体から抜け出して、実際にその夢のなかの場所を訪れ、夢のなかに出てくる人と会い、夢のなかと同じ行動をしていると思われている。よく耳にすることだが、南米グランチャコの先住民は、まったく信じられないような話を、実際に自分が見聞きしたことだといって語るそうだ。そのため、彼らのことをよく知らないよそ者は、軽率にも彼らを嘘つきだといってしまう。ところが実は、この先住民は自分の語っていることは真実だと固く信じているのである。つまり、そのすばらしい冒険物語は夢にすぎないのだが、目覚めているときの現実と区別がつかないのだ。

ところで、眠っているときに霊魂が体から離脱するのは危険を伴う。もしなんらかの原因でその霊魂が体に戻れなくなると、生命の源を奪われたその人は死ぬしかないからだ。眠っている人の霊魂が体に戻れなくなる原因はいろいろある。たとえば、その霊魂が、ほかの眠っている人の霊魂と出会って、喧嘩を始めるという場合もそうだ。ギニア人は、朝目覚めたとき骨が痛いと、眠っているあいだに自分の霊魂が他人の霊魂に殴られたせいだと思う。また、体から抜け出た霊魂が、死んだ人の霊魂と出会って、そのままどこかへ連れ去られるという場合もある。それで、インドネシア東部のアルー諸島では、家族の誰かが死ぬと、その夜、遺族は一睡もしない。死者の霊魂がその家のなかにいると思っているので、夢のなかでその霊魂に出会うのが怖いからだ。

しかし、人間の霊魂が体から抜け出すのは、なにも眠っているあいだだけとはかぎらない。目覚めているときでも抜け出すことがあり、それが病気や狂気や死をもたらすというわけだ。オーストラリアのヴィクトリア州での話だが、あるときウルンジェリ族の男が、霊《ムルプ》が体から離脱したために、今にも息をひきとろうとしていた。そこで呪術師がその霊を追いかけ、夕焼けのなかに半分ほど飛び込みかけた霊をつかまえた。夕焼けは、太陽が休息をとりにいく下界に死者の霊魂が出たり入ったりするときに、その霊魂が放つ輝きなのである。呪術師はさまよっている霊をつかまえると、オポッサムの皮に包んで持ち帰り、臨終の男にまたがって、その霊を男の体に戻してやった。すると、まもなくその男は生き返ったという。

霊魂は必ずしも自発的に離脱するとはかぎらない。亡霊、悪魔、妖術師などによって無理やり体から引き出されることもある。そこで、ビルマ（訳注＝現在のミャンマー）のカレン族は、葬列が家の前を通り過ぎるとき、子どもたちを家の特定の場所に特別な紐で縛りつける。子どもたちの霊魂が体から抜け出て、家の前を通り過ぎていく遺骸に入り込むといけないからだ。そして、葬列が見えなくなるまで、子どもたちをそこに縛ったままにしておく。ニューへおとなは、埋葬のとき、遺体とともに自分の霊魂が埋められないように用心する。ニューへブリディーズ諸島（訳注＝現在のバヌアツ）のある島では、亡霊が庭に魔法の柵をめぐらせ、無断で侵入した者の霊魂を閉じ込めてしまうという。亡霊はいっさいの弁解を許さず、侵入者が心から謝り、無礼を働くつもりはないと得心させないかぎり、その柵を開けて霊魂を出してくれないのである。

人間の霊魂をかどわかすのは、往々にして悪魔のしわざにされる。アンナン（訳注＝現在のベトナム）人は、人間が悪魔と出会ったとき、話しかけてしまうと、悪魔に息と霊魂を吸い込まれてしまうと信じている。インドネシアのモルッカ諸島では、病気になると、悪魔に霊魂をさらわれたのだと考える。妖術師がその悪魔の棲んでいる木や山や丘をつきとめると、病人の友人たちがそこへ、ご飯、果物、魚、生卵、牝鶏と雛鶏を一羽ずつ、絹の長衣一枚、黄金、腕輪などをもっていく。そして、それらの供物をきちんと並べると、こういって祈るのである。「悪魔よ、ここに食物、衣服、黄金などを供えますから、どうか受けとって、こうしてみんなで祈っている病人の魂を放してください。魂を体に返してもらえば、病人はもとどおり元気になるのです」と。それから、彼らは供えた食物を少し食べ、病人の霊魂を返してもらう代わりとして牝鶏を放つ。生卵も割ってしまう。しかし、絹の長衣と黄金と腕輪は持って帰る。家に戻ると、持ち帰った供物を入れた平たい鉢を病人の枕元におき、「ほら、きみの魂が戻ってきたよ。これできみはすっかりよくなり、白髪《しらが》になるまで生きられるだろう」と告げる。

霊魂を人間の体から抜きとったり、さまよったままにするのは、亡霊や悪魔だけではない。人間、それも特に妖術師がそうする場合もある。フィジーでは、犯人が自白しないと、首長が「悪漢の魂をつかみ出す」ためのスカーフをもってこさせる。犯人はそのスカーフを見ると、それどころかスカーフと聞いただけで、たいてい洗いざらい白状してしまう。白状しないと、首長は犯人の頭上でスカーフを振り、出てきた霊魂をそのスカーフですっぽり包んで、自分のカヌーのへさきに釘づけにする。これで犯人は霊魂がなくなったために、しだいに痩せ衰え、やがては死んでしまうというのだ。

だが、未開人が恐れる霊に関わる危険は、以上に述べたたぐいのものだけではない。未開人は自分の影や映った姿を自分の魂とみなすか、あるいは自分の生命に関わる分身とみなすことも多い。したがって、いうまでもなく自分に危険をもたらす源と考える。つまり、自分の影や映った姿が踏まれたり、殴られたり、刺されたりすると、自分の体が傷つけられたよ

霊魂の危難：水に映った姿としての霊魂
アフリカのシエラレオネ、タニのバル・カファリ。テムネ族の最高権力をもつ首長を象徴するものをいろいろ身に着けている。首長は自分の姿を一度も見ることがない。たとえば、川を渡るときは、霊魂が逃げないように頭をすっぽり覆わなければならない（オックスフォード大学ピット・リヴァーズ博物館所蔵）。写真：ラトレー

うな痛みを感じ、影が自分の体から離れると（そうなることもあると信じているのだ）、死んでしまうと思っている。インドネシアのウェタール島には、人の影を槍で突いたり刀で斬ったりして、その当人を具合悪くさせる呪術師たちがいる。インドの宗教家シャンカラは論敵の仏教徒たちを論破したのち、ネパールに旅をしてダライ・ラマと会い、意見が衝突したといわれる。そこで、シャンカラは自分の神秘的な力を証明するため、空高く舞い上がってみせた。ところが、ダライ・ラマが地上に揺れ動いているシャンカラの影を認めて、小刀を突き刺すと、シャンカラはたちまち墜落して、首の骨を折ってしまったという。

インドネシアのニアス島の原住民は虹を見ると身震いする。虹は強力な霊が彼らの影を捕らえるために広げた網だと思っているからだ。中国では葬式のとき、いよいよ棺に蓋をする段になると、いちばん近い身内の者を除いて、ほとんどの会葬者が数歩あとずさりしたり、別の部屋へ出ていってしまう。自分の影が棺のなかに閉じ込められると、健康が脅かされると信じているからである。さらに、棺を墓穴におろすときにも、ほとんどの会葬者は、自分の影が墓のなかに落ちるとわが身に災厄がふりかかるので、それを恐れて、少しあとずさりする。土占い師とその助手たちは墓の日陰になっている側に控える。墓掘り人と棺の担ぎ手たちは、腰布をしっかり巻きつけて、影が体から離れないようにする。

影を生命あるいは霊魂と同一視する慣習が今日まで最も明らかに残っているのは、おそらく南東ヨーロッパだろう。近代のギリシアには、新しく建てる家の土台を据えるとき、雄鶏一羽と雄羊または仔羊一頭を殺し、その血を土台の石に注いでから、そのいけにえの動物を土台石の下に埋める慣習がある。こうしていけにえを供えるのは、堅固で安定した建物にするためである。しかし、ときには、家を建てる人がいけにえの動物を殺す代わりに、人間を土台石のところまでおびき寄せ、こっそりその体の全部か一部または影の寸法をとり、その寸法を記したものを土台石の下に埋めることもある。また、その人物の影の上に土台石を据えることもある。土台石を影の上に据えられた人物は年内に死んでしまうと信じられている。ギリシアのレスボス島では、家を建てる人が通りすがりの人の影に石を投げるだけでよいとされている。影に石が当たった人は死ぬが、建物は堅固なものになるというわけだ。

霊魂はその人の影にあると信じている人々がいる一方で、水面や鏡に映った姿に霊魂があると信じている人々もいる。たとえば、「インドのアンダマン諸島の島民は影を霊魂とはみなさず、[鏡に]映った姿を霊魂だとみている」という。ある記述によると、フィジーには人間は明るい霊魂と暗い霊魂の二つの霊魂をもつと考えている人々がいたそうだ。暗い霊魂は黄泉《よみ》の国へいき、明るい霊魂は水面や鏡に映った姿だというのである。また、ニューギニアのモツモツ族は、鏡に映った自分の姿をはじめて見たとき、それを自分の霊魂だと思ったという。

第三章　タブーとされる行動と人物

霊魂と霊魂が晒されている危険に関する原始的な考え方について述べるのは、もうこれくらいにしておこう。こうした考え方は、なにも特定の民族や国だけにみられるのではなく、細かい点ではいろいろ異なってはいても、世界のいたるところでみられるし、近代ヨーロッパにも残っている。このように深く根をおろし、またこのように広範囲にわたって行われている信仰は、当然のことながら、古代王権を形づくるもとになったにちがいない。四方八方から霊魂を脅かす危険からわが身の霊魂を救うために、それぞれがこれほど苦労していたのだとすれば、「王」の霊魂を守るためにはわが身以上に細心の注意を払っていたはずだ。自分たちの安寧《あんねい》と存在そのものまでが王の生命に委ねられており、だからこそ王の生命を存続させることが人々の共通の関心事だったからである。したがって、未開社会においては、人々が自分の霊魂の安全を図る予防策や防御手段よりも、はるかに多様で細心の方法を講じて王の生命を守っていたと思ってよいはずである。事実、すでに述べてきたように、またこれからも検討を重ねるつもりだが、古代の王の生命はきわめて厳格な掟によって律せられていた。さて、そうなると、こうした掟は王の生命を守るために講じられたまぎれもない防御

タブーにされた人々　王の命は城壁と門によって外界の物質的、霊的な危険から守られている。

衛兵に守られたベニン王（オバ）の宮殿の門。ベニンの青銅の飾り板。16世紀後半のもの（ロンドン、大英博物館所蔵）。

手段にほかならないと判断しても差し支えないのではないか。その判断が正しいかどうかは当の掟を吟味すれば判明する。なぜならその結果、王が遵守していた掟のなかには、人々が自分の霊魂の安全を図るために遵守していた掟と同じものがあり、さらに、王に限って適用されていたと思われる掟のほうは、王の生命や安全を守る手段にほかならないと仮定すれば容易に説明のつくものが大半——すべてとはいわないまでも——を占めていることが明らかになるからである。

王にたいするタブーは、危険をもたらすあらゆる原因から王を遠ざけることを目的としている。そのため、王が遵守すべき掟の数や厳格さによっては、王に多かれ少なかれ完全に隔離された状態で暮らすことを強いる結果となる。危険をもたらす原因のうち、未開人が最も恐れているのが呪術と魔術で、異人はみなこうした黒魔術を使うものだと思っている。だから、未開人にしてみれば、異人が無意識にしろ意識的にしろふるう有害な影響力から身を守るのは分別に従っているだけのことなのだ。そこで、異人が自分たちの居住区にやってくると、住民は、その異人を迎え入れる前に、あるいは少なくとも住民と自由につきあうのを許す前に、ある儀式を行うことが多い。それは、異人から魔力を奪ったり、異人から発すると思い込んでいる有害な影響力を消したり、あるいは、あたりにたちこめているはずの汚れた空気をいわば消毒するための儀式である。たとえば、東ローマ帝国皇帝ユスティヌス二世がトルコ系国家（突厥《とっけつ》）との修好条約を結ぶために派遣した大使の一行が目的地に到着すると、呪術師たちが待ちうけていて、一行の有害な影響力を排除するために浄めの儀式を行った。大使一行が持参した荷物を野外に並べ、香木のたいまつを手にそのまわりを歩き、鐘を打ち鳴らしタンバリンをたたきながら、悪魔の力を排除しようとした。彼らはそのうち息が荒くなり、激しい興奮状態に陥った。それから大使一行を炎にくぐらせて、浄めの儀式は終わった。南太平洋のナヌミア島では、異人が船でやってきたり、

ロンドンのバッキンガム宮殿（バーナビーズ・ピクチャー・ライブラリー所蔵）。写真：ビル・カワード

ほかの島から人がやってきたときは、まず全員か数名の代表者を島内にある四つの神殿へ順ぐりに連れていき、彼らとともに持ち込まれた恐れのある疫病や謀叛《むほん》心を追い払う祈りを神に捧げないと、島の住民とのつきあいを許さなかった。神殿の祭壇には肉を供え、神を讃える歌と踊りを捧げた。その儀式が行われているあいだ、祭司と助祭以外の人々はみな姿を隠していなければならなかった。

異国からやってきた人を恐れるだけでなく、異国を訪れるときも恐怖心を抱く場合が多い。未開人は未知の地を訪れると、悪魔のとりついた地面を踏んでいる気がして、そこに出没する悪魔やそこの住民の呪術から身を守る手段を講じる。たとえば、ニュージーランドのマオリ族は、未知の土地を訪れるときは、ウルウラフェヌアという儀式を行っていた。「これは、一度も訪れたことのない山に登ったり、湖を渡ったり、土地に足を踏み入れる人が行う儀式で、ウルウラフェヌアという言葉は『その土地に入る、または、その土地の者になる』という意味である。この儀式は未知の土地の精霊に捧げられ、ふつう旅人がその土地に向かうとき通る道にある木や岩のところで行われる。そこをはじめて通る人は、シダの小枝を折って、その木か岩の根元に投げながら、その土地の精霊に向かって短いまじないの文句を繰り返す。そこを通り過ぎたら、けっして振り返ってはならない。振り返ったりすると、不吉なことが起きるからである」。

さらに、旅をしてきた者は、その旅のあいだに接触のあった異人から呪術による害を受けてきたと思われることもある。そこで、旅から帰ってくると、その部族や友人たちの社会にふたたび受け入れてもらうために、まず浄めの儀式を受けなければならない。たとえば、アメリカ先住民のナヴァホ族に次のような話が残っている。長い放浪の末、部族のもとに戻ってきた男が、自宅の見えるところまでくると、部族の人たちに阻止され、呪術師を呼んでくるまで、それ以上近づいてはならないといわれた。呪術師が呼ばれ、「この戻ってきた放浪者にたいして儀式が行われた。男は頭の先から足の先まで洗われ、トウモロコシの粉で拭き浄められた。ナヴァホ族は、ほかの部族の捕虜になっていた者が帰ってくると、身に帯びている外来のものや影響を取り除くために、こうしているからである。男がこうして浄められてから家に入ると、部族の者たちは男を抱きしめ、涙を流した」のだという。

異人が有害な影響を与えると考え、それから人々を守るためにこうした予防策が講じられるとすれば、そうした油断ならない危険から王を守るために特別な方法をとるのは当然である。中世のころ、タタールの汗《ハン》を訪問した使節たちは、二つの火のあいだを通らなければ、汗に謁見を許されなかった。また、持参した贈り物も火のあいだを通さなければならなかった。こうした慣習が行われていたのは、異人が汗にふるう恐れのある呪力を火がすっかり浄めてくれると考えられていたからだ。また、カランバ（コンゴ川流域、バシランジ族最強の首長）のもとを、臣従する首長たちが随員を従えてはじめて訪問するときや、謀叛を企てたあとに訪問するときは、男も女も二つの川で二日続けて沐浴《もくよく》し、町なかの野外で夜を明かさなければならない。二回目の沐浴が終わると、裸のままカランバの屋敷を訪れ、一人ひとり胸と額に細長い白いしるしをつけてもらう。それから町に戻って、衣服をまとうと、今度は胡椒《こしょう》を用いた神の裁きを受ける。一人ひとり両眼に胡椒がすり込まれるのである。これで目が痛くなった者は、犯した罪を残らず告白し、問われたすべての質問に答え、宣誓をしなければならない。こうして儀式が終わると、その町にとどまりたい異人たちは、自由にどこに宿舎をきめてもよいのである。

未開人は、ものを食べたり飲んだりする行為には特殊な危険が伴うと考える。そのときに口から霊魂が逃げ出したり、その場に敵がいれば、その呪術で霊魂を抜きとられてしまうと思うからだ。アフリカの奴隷海岸のエウェ語を話す人々のあいだでは、「体内にいる霊が口から出たり戻ったりすると信じられているようだ。そこで、もし霊が出ていってしまったら、当然のことながら、口を開けるときは注意しなければならない。宿なしの霊がその隙を狙って入り込んでくるからだ。その恐れがいちばん大きいのは、ものを食べているときと考えているらしい」。そこで、そうした危険から身を守る用心をするのだが、その人物が王であれば、とりわけ予防手段が必要となる。

また、人が食べ残したものや、食べるときに用いた食器で呪術による危害を加えることもできる。共感呪術の原理からすると、人が食べて腹のなかに納まっているものと、手をつけなかった残り物のあいだには、いつまでも切れないつながりがあることになる。だから、食べ残しに危害を加えることで、食べた当人に即座に危害を及ぼすことができるというわけだ。

日本の帝が口にする食べ物は、毎日新しい鍋で料理され、新しい皿に盛られた。鍋や皿はふつう粘土でできていて、一度使った鍋や皿は壊したり捨てたりした。たいていの場合は壊してしまったが、それは、帝が使った神聖な食器で食べた者は、口や喉が腫れて炎症を起こすと信じられていたからだ。帝の衣服を無断で身に着けた者も、やはり同じようなひどい目にあうと思われていた。体が腫れて、全身に痛みが生じるのである。フィジーでは、首長の食器で食べたり、首長の衣服を身に着けたために起こる病気に「カナ・ラマ」という特別な呼び名がついている。

日本の帝やフィジーの首長の食器や衣服を使用することで生じると思われているこの悪影響には、人間神がもつ性格の別の側面がみられる。つまり、神格をもつ人物は祝福ばかりでなく危険ももたらすのだ。したがって、人々はその人物を守るだけでなく、警戒もしなければならない。その神聖な生命体は、少しでも触れたら調子が狂ってしまうほどデリケートだが、その反面、強力な呪力や霊力でいわば充電すると威力を放って、接触するものに致命的な影響を与えかねない。そこで、こうした人間神を孤立させることは、本人の安全のためだけでなく、ほかの人々の安全のためにも必要なのである。人間神の呪術の効力は、最も厳密な意味での感染といえる。つまり、その神性は火のようなもので、正しく管理すれば、無限

の恵みを与えてくれるが、不用意に触れたり、勝手を許すと、触れるものを焼きつくし破滅させてしまう。だから、タブーを破ったら、悲惨な結果になると思われていた。つまり、タブーを犯す者は、たちどころに萎《しな》びさせ焼きつくしてしまう神聖な火に手を突っ込んだことになるのである。トンガでは、首長の神聖な体やその所有物に触れた手で食事をすると、全身が腫れ上がって死んでしまうと信じられていた。首長より身分の低い者が触れると、首長の神性が猛毒のようにその人物の手に移り、その手から食べ物に伝わり、それを食べたら命を落とすというのだ。

ニュージーランドでも、首長の神性にたいする恐怖はトンガに劣らず大きかった。首長が先祖《アツア》の霊から受け継いだ霊力は、首長が触れたもののすべてに感染という形で拡散し、それを軽率に、あるいはうっかり手にした者をことごとく一撃で殺してしまうことができた。たとえば、かつてこんな出来事があったという。ニュージーランドのある身分が高く非常に神聖視されていた首長が食事の食べ残しを道端に捨てた。首長が立ち去ったあと、一人の腹をすかせた屈強な奴隷が、その食べ残しに目をとめると、なにげなく食べてしまった。その奴隷が食べ終わるか終わらないうちに、その様子を恐怖に立ちすくんで見ていた人たちが、今食べたものは首長の食べ残しなのだと教えた。「私はこの不運な過失を犯した男をよく知っていた。実に勇敢で、部族間の戦いでは名うての男だった」。ところが、「彼はこの取り返しのつかない事実を知ったとたんに、腹に激しい痙攣を起こし、その痙攣が収まらないまま、その日の日没近くには死んでしまった」のである。

こうして未開人は、神聖なる首長や王を、いわば一触即発の神秘的な霊力をみなぎらせているとみなしていたので、当然のことながら彼らを社会における危険な階級に組み入れ、人

祖先の力
（前頁）イースター島から出土した祖先の像（ロンドン、大英博物館所蔵）。
（上）父親の霊に鶏を捧げるアフリカのアシャンティ族の若者（オックスフォード大学ピット・リヴァーズ博物館所蔵）。写真：ラトレー

殺しや月経中の女など、ある種の不安や恐怖の対象に課すのと同じたぐいの制限を彼らにも課しているのだ。たとえば、ポリネシアの神聖なる王や祭司は、自分の手で食べ物に触れることを許されず、他人に食べさせてもらわなければならなかった。また、彼らの食器や衣服、その他の所持品を、ほかの者はいっさい使用してはならず、その禁を犯した者は病気になったり死ぬとされていた。初潮を迎えた娘や分娩後の女や人殺しに、これとまったく同じ制限を課している未開人もいる。

一般的にいって、ある種の人物の食器や衣服などを使用することを禁止する掟や、その掟を犯したら起こるとされている結果は、その人物を神聖とみなしている場合も汚れているとみなしている場合も、まったく同じだといえる。神聖な首長が身に着けた衣服がそれに触れた者に死をもたらすのと同様、月経中の女が触れたものも同じ結果をもたらすのである。ウガンダでは、分娩や月経で汚れているあいだの女が触れた鍋は、壊してしまうことになっている。そのような女が触れて汚された槍や楯は、壊さずに浄めるだけでよい。アラスカのエスキモーの場合、出産する女が使ったコップや皿は、あるまじないで浄めないかぎり、誰もそのコップで飲んだり、その皿で食べたりしない。北米先住民のなかには、月経中の女には男の使う道具に触れるのを禁じている部族がある。月経中の女が触れて汚された道具をそのまま使うと、なんらかの災厄や不運に見舞われるというのだ。

戦士は、血肉をかけて戦う敵にたいしては、当然、合理的な防御手段を講じるものだが、実際の行動では、そうした防御手段とは本質的にまったく異なるさまざまな迷信から生まれた慣習に従わざるをえない、いわば霊的な危険が漂う状況におかれるのだと未開人は考える。そのような慣習に従う結果、未開人は戦士を、戦いの前後の一定期間、幽閉状態あるいは霊的隔離状態におく。それは、原始人が自分の身の安全のために人間神をはじめとする危険な存在にたいして行ったのと同じやり方である。たとえば、マオリ族の場合、戦いに赴く戦士は最も神聖あるいはタブーな存在とみなされ、戦士やその仲間たちは家庭で、日常生活のさまざまなタブーに加えて、数多くの奇妙な習慣を厳格に守らなければならなかった。同様に、イスラエル人も、出陣するとき、マオリ族やオーストラリアの原住民が戦いにのぞむときに守る掟とまったく同じ浄めの儀式の掟を守らなければならなかった。彼らが使った食器は神聖なものとなり、彼ら自身も禁欲を守り、身を清く保つための慣習を守らなければならなかった。同じような慣習を守る未開人にはっきり認められる動機から判断すると、イスラエル人の場合も、そうした掟を守るそもそもの動機は、自分の残したものが敵の手に入ったら、呪術をかけられて、滅ぼされるのではないかと恐れたからである。北米先住民の一部の部族では、初陣にのぞむ若い戦士はいくつかの慣習を守らなければならなかった。そのうちの二つは、それらの部族が初潮の娘に守らせた慣習と同じであった。一つは、戦士が飲食した食器には誰も触れてはならないということで、もう一つは、戦士に自分の指で頭など体の部分を掻くことを禁じたことである。どうしても掻きたくなったら、棒切れを使わなければ

死者が発する危険と祝福
男の亡霊が、彼を殺した妻の前に現れる。北斎の版画（ロンドン、大英博物館所蔵）。

ばならなかった。この二つ目の掟は、タブーとみなされる存在の者が自分の手で食事をするのを禁じた掟と同じく、タブーとみなされる者の手を神聖あるいは不浄なものと考えていたからだろう。さらに、これらの部族では、出陣した戦士は夜、必ず顔を自分の集落のほうへ向けて寝なければならなかった。どんなに寝心地が悪かろうと、その姿勢を変えてはならない。また、地面にじかに坐ってはいけないし、足を濡らしてもいけない。さらにまた、できることなら、他人が踏みならした道を歩くのもいけない。どうしてもそうした道を歩かなければならないときは、わざわざそのために持参した薬またはお守りで脚に厄払いをして、その道を歩くことで生じる悪影響を消そうとした。戦士が使う食器はふつう木または樺の皮でつくった小さな椀で、口をつける位置を示すしるしが両側についていた。出征の途中でその椀から飲むときは、必ずしるしのついた片側に口をつけ、帰還の途中で飲むときは、もう一方の側に口をつけ、あと一日で村に着くところまでくると、その椀を樹木に掛けたり、草原に投げ捨ててしまった。戦士の神聖性あるいは不浄性が友人たちに伝わって、不吉な結果をもたらすのを恐れたからにちがいない。それは、神格をもつ帝、出産あるいは月経時の女、割礼時の少年、死者に触れて汚れた人などの食器や衣服が同じような理由で壊されたり捨てられたのと同じである。

インドでは、死者は作物と密接に結びついている。マンネムゴルで、1944年に「種をとる時期に」ジャンブルという名の男の亡霊が妻の夢に現れた。彼は妻に、作物を守るためには、死者の国にある自分の家と所有物の絵を描くとよいと教えた。V・エルウィンの『インド中部の部族芸術』(1951年、オックスフォード大学出版インド部門)。

人間の行為にたいしては以上のようにさまざまな掟が課されているが、そうした掟が迷信に基づく恐怖心から生まれたものなのか、それとも理性に基づく分別から生まれたものなのか、まだ判断のつきかねる読者もいるだろう。だが、戦士が勝利を収め、生身の敵にたいする恐怖がまったくなくなったのちにも、しばしばこれと同じたぐいの掟がいっそう厳しく戦士に課されている事実を知れば、そうした読者の疑念もおそらく解消されるだろう。この場合、戦いで勝利を収めた者に不自由きわまりない制約が課されるのは、一つには、たぶん殺された者の亡霊の怒りを恐れるからだろう。復讐を狙う亡霊にたいする恐怖が殺す側の人間の行動を左右するものだと断定されることも多い。神聖な首長、喪に服している者、妊娠中の女、出陣した男などにもろもろのタブーを課すと、たいていの場合、そうしたタブーを課された男や女を通常の社会から隔離あるいは孤立させることになる。その男や女を別の小屋や野天で暮らさせたり、異性との交わりを禁じたり、他人の使った食器を使わせないといった、さまざまな掟を定めることで、その効果を達成するのだ。戦いに勝った戦士の場合も、とりわけ実際に敵に血を流させた戦士の場合、同様の方法でこれと同じ効果をあげるのである。

インドのアンダマン諸島の原住民は、村同士の戦いや私闘で人を殺すと、村を離れ、密林で数週間、ときには数ヵ月、ひとりで暮らさなければならない。ただし、妻と友人の一人か二人は一緒に住むなり、訪ねるなりして、必要な世話をすることは認められている。人を殺した男は厳しいタブーを守らなければならない。たとえば、人を殺した手で食事をしたり、食べ物に触れてはならず、妻や友人に食べさせてもらわなければならない。また、首と上唇を赤い顔料で塗り、テトラセラの木を裂いてつくった羽毛状のものを、ベルトの前とうしろ、そして首飾りのうしろに着けなければならない。こうした掟を一つでも破ると、殺した相手の霊のたたりで病気になると考えられている。人を殺した男は、掟を守って数週間たつと、一種の浄めの儀式を行う。まず両手を白い粘土でこすってから、赤い顔料を塗るのである。この浄めの儀式が終われば、手を洗ってから、自分の手で食事をすることも、弓矢を使うこともできる。ただし、テトラセラの木を裂いてつくった羽毛状のものは一年以上、身に着けたままでいる。

北米先住民のナチェズ族の場合、はじめて敵の頭皮を奪った若い勇士は、六ヵ月のあいだ禁欲の掟を守らなければならなかった。妻と寝てはいけないし、肉を食べてもいけない。口にできるのは魚とトウモロコシの粉でつくった焼き菓子だけである。この掟にそむくと、殺した相手の亡霊によって呪い殺されたり、二度と敵に勝つことができなかったり、ちょっとした傷でも命とりになると信じられていた。チョクトー族の場合は、敵を殺して頭皮を奪った者は、一ヵ月のあいだ喪に服し、その間は髪をとかしてはならず、頭が痒いときは、手首に結びつけた小さな棒切れで掻かなければならなかった。自分が殺した敵にたいしてこのように儀式的に喪に服する慣習は、北米先住民のあいだでは珍しくなかった。たとえば、ダコタ族は、敵を殺すと、編んだ髪をほどき、全身をくまなく黒く塗り、白鳥の羽毛でつくった小さな飾りを着けた。「服喪者の装いをしながら、喜びも表す」のである。ブリティッシュコロンビアのトムソン川流域の部族も、敵を殺すと、自分の顔を黒く塗ったものである。そうしないと、殺した敵の亡霊に目をつぶされると恐れたのだ。また、オセージ族は、仲間の死者を弔《とむら》ってから、「敵もまるで友人のように弔ってやる」そうだ。チェスターフィールド入江のエスキモーには次のような慣習がある。「人を殺した者は、ある期間、岩に手を触れてはならず、肉は調理をせずに食べなければならない。食事は日光の当たらない場所で摂らなければならない。私が滞在しているあいだウアン・ワクがこれらの慣習を守らされていた

タブーを犯した結果　古代社会も現代社会もタブーを犯した者を隔離する。レイヨウを殺すと、その男はレイヨウになる。南アフリカのブッシュマンの岩絵。G・ストウの模写（1868年、オックスフォード大学、ボドリアン図書館所蔵）。

ことから、彼がこの二人の男を殺したのだとわかった」。

このように、戦いで敵を殺した戦士は、仲間とのつきあいはもちろん、妻との自由な交わりもしばらくのあいだ禁じられ、ある種の浄めの儀式を行わないかぎり、社会にふたたび受け入れてもらえないのである。戦士を隔離したり、戦士に浄めの儀式を行わせる目的が、これまでにみてきた例から明らかなように、殺された者の怒った亡霊を払い落としたり、脅したり、宥《なだ》めたりするためにほかならないとするなら、次のように推論しても差し支えないだろう。すなわち、同じ部族の仲間の血で手を汚した者が行う同じような儀式も当初はこれと同じ浄めの意味をもっていたのであり、道徳的あるいは精神的な改心を洗浄や断食などの形で表すことができるとする考え方は、こうした古い慣習を生むもととなった原始的なものの考え方を捨てた人々が、のちになって加えた解釈にすぎない、と。

未開人の社会では、猟師や漁師もしばしば、戦士や人殺しに課されるのと同じ種類の禁欲の掟を守り、浄めの儀式を行わなければならない。こうした掟や儀式がどのような目的をもつのか、すべての事例について正確なところはわからないにしても、おそらくある程度は次のように考えてもよいのではないだろうか。すなわち、敵の命を奪おうとしている戦士や敵の命をすでに奪ってしまった戦士を隔離したり、そうした戦士に浄めの儀式を行わせる第一の動機が、その敵の亡霊にたいする恐怖にあるのと同じく、猟師や漁師が同様の慣習を守るのも、主として、自分が殺したり殺そうとしている獣や鳥や魚の霊魂を恐れるからなのである。それというのも、未開人は一般に動物にも人間と同じように魂と知性があると考えているので、当然、動物にも人間にたいするのと同じように敬意を払っているからだ。殺した相手の亡霊を宥めようとするのと同じ気持で、自

ロンドンのホロウェイ刑務所。写真：ジョン・トパム・ピクチャー・ライブラリー

分が殺した動物の霊を鎮めようとする。猟師や漁師が狩猟期や漁期の前と期間中に必ず守るタブーは、戦士の場合と似ていて、睡眠、飲食、女との交わりを断つ禁欲のほかに、肉体的な規律もある。総じて、こうしたタブーを破ったときの悪影響は、本人に表れるのではなく、むしろなんらかの理由で獲物を怒らせ、そのためにそう易々《やすやす》とは捕まえさせてくれないという形で表れると考えられているようだ。

猟師や漁師が狩猟期や漁期の前と期間中にタブーや禁欲を守るのは、迷信からくる恐れ、特に殺そうとしている動物の霊を怒らせたり脅かすのを恐れるからだと信じるだけの根拠があるのは、すでに述べたとおりである。それならば、動物を殺したあとに課される制約は、動物を殺した者やその仲間たちの目の前にいる殺された動物の霊の怒りにたいする恐怖が加わるために、少なくとも殺す前のタブーや禁欲に劣らず厳しいものになるはずである。ところが、飲食や睡眠を断つことをはじめとするこうした禁欲が、これから仕事をしようとする男たちの健康と体力を保つための用心にすぎないとの仮定に立てば、仕事が終わったあと、すなわち獲物を殺したり魚を捕ったあとに、こうした禁欲やタブーを守るのは明らかにまったく余計なことであり、ばかげているし、不可解としかいいようがない。しかし、獲物が死んだあとも、別の言い方をすれば、猟師や漁師が獲物を手に入れて目的を達したあとも、引き続きこうしたタブーが強要されるばかりか、タブーの厳しさが増すことも多いのである。そうなると、前述の仮定のもつ合理的な説明は成り立たなくなり、迷信からくる恐怖によるものというのが受け入れられる唯一の仮定となる。

獲物を殺したあとの猟師や漁師に課されるタブーについて、原住民自身による説明を一つ例にとってみよう。エスキモーによる説明で、それはタブーの根拠を霊的なものにおいているといってよい。海の哺乳動物の母である女神セドナはエスキモーの主神と考えられる。この女神は人間の運命を支配する最高の力をもっているとされ、エスキモーの行う儀式のほとんどすべてが、この女神の寛大な心を引きとめたり、怒りを和らげることを目的としている。セドナは下界にいて、石とクジラの肋骨からできた家に住んでいる。アザラシやクジラの霊魂はセドナの家から出てくると信じられている。アザラシやクジラを殺すと、その霊魂は三日間その死体にとどまり、それからセドナの家に戻り、ふたたび送り出される。霊魂が死体にとどまっている三日のあいだに、タブーや禁止されている慣習を破ると、その冒瀆《ピッセーテ》行為がその霊魂にとりつき、痛みをもたらす。霊魂はとりついたものから逃れようとあがくが、その甲斐もなく、とりつかれたままセドナのもとに戻るはめになる。霊魂にとりついたものは、どういうふうにするのかはわからないが、セドナの両手に痛みを与える。すると、セドナは自分に痛みを与えた人間を、病気にさせたり悪天候や飢餓をもたらして罰するのである。一方、すべてのタブーが守られれば、アザラシやクジラは捕まってもかまわないと思う。それどころか自分のほうから猟師に近づいてくる。したがって、アザラシやクジラを殺したあとに効力を発する無数のタブーは、アザラシやクジラの霊魂ばかりでなくセドナも傷つけるものがとりつかないようにするためなのである。

こうしたタブーには、精霊崇拝《アニミズム》が宗教に移行していく過程がみられるようだ。これらの掟はもともとは精霊崇拝に端を発したものであり、さまざまな種類の精霊が互いに好感情や悪感情、共感や反感をもっているのではないかという考えがもとになっている。そのことをはっきり示す痕跡がこれらの掟自体に残っている。ところが、人間や動物の霊魂の上や背後から強大な女神が支配しているという考え方が生まれ、暗い影を投げかけるようになる。すると、さまざまなタブーは、単に霊魂の好みに合わせてつくられたのではなく、むしろ女神を宥める手段とみなされる度合いが大きくなっていくのである。こうして、自然を行動規範の根底においていたのが超自然を根底におくようになる。つまり、自然界に存在するものの実際の願望や想像上の願望に代わって、神の願望と思われるもの――それをふつう神の意思という――が正邪をはかる尺度になる傾向が生まれる。生きとし生けるものは互いに直接関係しあっているという考え方が根底にある未開人のタブーは、本質的には変わらないままだが、表面上は、宗教的あるいは超自然的な拘束力をもつ倫理基準に変わっていくのである。

今日のわれわれの行動規範、すなわち、日常生活におけるごくふつうの礼儀作法ばかりでなく、もっと重きをもつ道徳の問題にも、未開人のタブーが少なからず残っているというのも、あながち考えられないことではないようだ。未開人のタブーは、そのもととなった素朴なものの考え方が思想と知識の発達とともに捨て去られたのちも、表面上は神の意思の表れを装ったり、まやかしの道徳哲学の衣をまとったりして、長くその威力を保ちつづけてきたのである。今や功利主義を揺るがぬ基盤とする数多くの道徳的な教えや社会法規のもつ侵しがたい神聖な面も、そもそもは未開人のタブーと同じ古代の迷信にその根があるといってよい。たとえば、原始社会で、殺人の罪を恐れるのは、たいていの場合、殺された者の怒れる死霊にたいする恐怖のせいだったといってほぼまちがいない。このように、迷信は道徳を支える便利な松葉杖の役を果たすが、やがては道徳が松葉杖を必要としなくなるほど強くなり、独り歩きするようになる。モーセの五書の教えから判断すると、古代ユダヤ人がたどってきた道徳の発達の過程は、近代のバフィン島のエスキモーの場合と大差ないようだ。イスラエルの古い法律のなかには、神の命令というみえすいた仮面をかぶせた未開人のタブーと明らかに同じものがある。エスキモーよりもユダヤ人のほうが、道徳にかぶせたこの仮面はかなり厚いが、実体に変わりはない。エスキモーではそれがセドナの意思となり、ユダヤ人ではエホバの意思となるのである。

第四章　未開人への感謝

王と祭司に関するタブーは、さらにいくらでも列挙できるが、例証としてはこれで十分だろう。この問題について締めくくるにあたって、あとはこれまでに行ってきた調査研究で得た総合的な結論を概説するだけである。これまでみてきたように、未開人あるいは野蛮人の社会には、人々の迷信から、自然の運行を支配する威力をもつと信じられている人間がしばしば存在する。こうした人間はそれゆえに神として崇められ、神として扱われる。これらの人間神がその崇拝者たちの現世における生命や財産をも支配するのか、それとも純粋に霊的で超自然的な働きをするだけなのか——別の言い方をすれば、彼らが神であると同時に王でもあるのか、それとも神としてのみ存在するのか——それはなかなか見分けにくい問題である。そこで、ここではなによりもまず彼らがもつとされている神格について考えるべきだろう。神格をもっていればこそ、彼らは人間の生存を左右する自然現象が途絶えることなく規則正しく続くことを、その崇拝者たちに請けあい保証する役目を担うのである。だから、自分たちの幸福な暮らしばかりか生存そのものすら彼らと密接に結びついている人々にとって、当然、彼らの生命と健康が気になる関心事となる。いうまでもなく、人々はこうした神格をもつ人間にさまざまな掟を守らせようとする。人間に訪れる最後の災厄である死をはじめとして、生身の人間には避けがたいもろもろの災厄を回避するために、古代の人々の知恵が考え出した掟である。こうした掟は、調べてみればわかるように、原始的な考え方からすれば、ふつうの分別をもつ者がこの世で天寿をまっとうしたければ誰しも従わざるをえない処世訓にほかならない。しかし、ふつうの人間の場合はこうした掟を守るかどうかは個人の自由であるのにたいして、神格をもつ人間の場合には掟を守ることを強制され、守らなければ罰として、神としての地位から追放されたり、ときには殺されることすらある。それは、崇拝者たちの生存をあまりにも大きく左右する存在なので、神格をもつ人間が自分の命をもてあそぶのを許さないからだ。こうして、はるか昔、未開時代の賢人たちが知恵をしぼって考え出し、今なお、冬の夜長におばあさんが炉辺に集まった孫たちに貴重な財産として言い伝えている風変わりな迷信、大昔の処世訓、尊ぶべき諺――これら往古の幻想、混沌とした脳が生み出した掟がはりめぐらされ、行く手をふさいでいたので、古代の王、人間神はクモの巣にかかったハエのように、織りなす慣習の糸にからまって身動きもままならなかったのだ。「空気のごとく軽いが、鋼線のごとく強靱な」この糸は、はてしない迷路のように幾重にもからまりあって、人間神を慣習の網目に捕らえて逃さず、そこから解き放すのは追放か死だけであった。

過去について学ぶ者にとって、古代の王や祭司の生活から教えられることは多い。彼らの生活は、この世界がまだ若かったころの知恵とみなされるものの集約であった。それぞれの人間が自分の生活を形づくろうとするときの申し分のない手本であった。未開時代の世界観が定めた生き方に沿って寸分のくるいもなくつくり上げられた完璧な手本であった。その世界観がわれわれの目には未熟で誤っているようにみえるとしても、論理的に一貫性があるという取り柄まで否定するのは不当といえよう。この世界観は、生きとし生けるもののうちには小さな存在すなわち霊魂がまったく別個の存在として宿っているという生命観をもとにしたものであり、生活するうえでの現実的な指針として、系統だった掟を生み出しているのだ。その掟の体系は全体としては筋道が通り、かなり完全で調和がとれている。この掟の体系の欠陥は――それは致命的なものだが――その成り立ちの理由づけにあるのではなく、そもそもの前提にある。問題は、生命の本質にたいする考え方そのものにあり、その考え方から導かれた結論が的はずれだという点にあるのではない。だが、欠陥がすぐにわかるからといってその前提をばかげたものだと指弾するのは、ものの考え方として道理に反するばかりか失礼でもある。われわれの今のものの考え方の基礎は、遠い昔から幾世代もの人々が築き上げてきたものなのだ。とやかくいってもまだそれほど立派な水準には達していないが、しかし、ここまでたどりつくのに人間がどれほど苦労し、延々と努力を続けてきたかを、われわれはほとんど実感していない。そうした苦労を重ねてきた名もなき忘れ去られてしまった人々にこそ、私たちは感謝を捧げるべきである。彼らがたゆみなくものを考え、意欲的に努力してきたからこそ、今日のわれわれがあるのだ。一つの時代が、そして、いうまでもなく一人の人間が、人類共同の知識の宝庫に加えることのできる新しい知識は微々たるものである。そこにささやかな知識を加えただけでも光栄なのに、それを不遜にも自慢しながら、これまで積み上げられてきたものを無視するとは、恩知らずなうえに、愚かで誠実さに欠けるというものだ。人類の進歩にたいして近代はもとより古代の人々が果たしてきた貢献を過小評価しても、現在の程度なら実際にさほど危険はない。だが、限度を超えて軽視するとなると、話は別である。未開人やその生き方にたいする見方が、軽蔑と嘲りか憎悪と指弾だけということがあまりにも多い。だが、われわれが感謝の気持をもって後世に伝えるべき恩人たちの多くは、いや、おそらくその大部分が未開人だったのである。なぜなら、結局のところ、未開人とわれわれは相違点よりもはるかに類似点のほうが多いからだ。そして、われわれがその未開人と共通の知識をもち、それを真実で有益なものとして大切にできるのも、未開の先祖たちのおかげだからだ。われわれがややもすれば独創的で直感的だとみなしがちな、いかにも基本的にみえるものの考え方は、彼らが体験によってゆっくりと身に着け、継承し、伝えてきてくれたのである。われわれは財産の相続人のようなものだ。ところが、長い年月をかけて受け継いできたので、その財産を築いた人々のことなど忘れてしまい、その時々の所有者は、その財産をこの世の始まったときから自分の民族が変わることなく所有してきた独自の財産だとみなしてきた。しかし、改めてよく考え調べてみれば納得がいくように、われわれがおおかた自分のものだと自負してきた知識の宝の多くは先人たちのおかげなのである。彼らの誤りは、けっして頑迷な途方もない考えや錯乱のたわごとから生まれたのではなく、仮説に誤りがあったにすぎず、その仮説が出された時代にはそれがそのまま正当とみなされていたのが、経験を重ねるにつれて不適当だとわかってきたにすぎない。真理とは、仮説を繰り返し検証し、まやかしを排除してはじめてようやく引き出されるものだ。とどのつまり、われわれが真理と呼ぶものは、最も有効とわかった仮説にほかならないのである。そこで、未開時代や未開人のものの考え方や慣習を研究するにあたっては、彼らの誤りは真理を探究するときに避けられないふとした間違いにすぎないのだと、寛大に考え、大目にみるのが望ましい。われわれ自身もいつの日か同じように大目にみてもらわなければならなくなるのである。「許しを乞うて、先人の声を聞くべし《クム・エクスクサティオーネ・イタケ・ベテレス・アウディエンディ・スント》」。

第三部　死にゆく神

ヴェロニカのハンカチに現れた、死んで蘇ったキリストの聖顔。ヴェロニカは十字架を背負ってゴルゴタに向かうキリストに従った女性の一人で、ハンカチでキリストの顔を拭ったら、そのハンカチにキリストの容貌が写ったといわれる。この物語に、キリスト教徒はキリストの死を思うとともに、キリストが復活し、救いの力をもちつづけたことを思い起こすのである。エル・グレコの絵（トレド、サンタ・クルス美術館所蔵）。写真：MAS

王をなんらかの形で神と同一視していたため、王は自然の一部であり、自然の運行の要《かなめ》だとみなしていた例をあげて、フレーザーは自然と王のつながりについてさらに明確に説明する。

第二部の「タブーと霊魂の危難」では、生き残る王について述べてきたが、ここでは、「森の王」のように神の姿をした人間とみなされるときの王の死について論じている。弱い王や老いた王は自然の運行を守るという本来の役目を果たすことができなくなる。それは、感染の原理によって、王の弱さが自然の豊穣を脅かすからだ。そこで、王は継承者に王座を明け渡さなければならない。その継承者は王を殺すことで、自分のほうが王としての務めを果たす力があることを示す。また、これとの関連で、フレーザーは模倣の原理についても扱っている。すなわち、「森の王」は人間の姿をしたオークの神であり、その王が継承者の手にかかって死ぬのは、植物の死と再生という自然界の秩序を反映したものであり、自然界を存続させるためなのである。「王は死に給う《ル・ロア・エ・モール》。とこしえに王の生き給わんことを《ヴィーヴ・ル・ロア》」。

第一章　神々の死

人間は、まだ知識があまり発達していないと、当然のように命は永遠に続くと思い、魔術師が悪意に満ちた術をかけて、命の糸を早々と短く切ってしまわなければ、永遠に生きられると考える。これは人間の願望や希望に都合のいい幻想なので、現在でも多くの未開人に広くみられるし、世界じゅうどこでも「宗教の時代」の前にあったはずの「呪術の時代」には、この幻想があまねく広がっていたといってもよいだろう。だが、やがて、人間は死を避けられないという悲しい真実が、未開時代の賢人に重くのしかかっていった。それが真実だと示す事実の重さには、いかなる偏見も対抗できず、いかなる詭弁《きべん》も通用しなかった。さまざまな影響力があいまって、死は避けられないのだといやおうなく認めるようになったのだが、宗教の影響力もその一つに数えるべきだろう。宗教は、呪術のむなしさをあばき、呪術の上に築き上げられてきた途方もない虚飾はすべて空疎だと如実に示すことで、人間の自然にたいする尊大で傲慢な態度をしだいにくじいていった。そして、宇宙には人間の頼りない知性では推しはかれないような謎や、人間のちっぽけな力ではとても及ばない威力があるのだと思い知らせたのである。こうして、しだいに人間は避けられない運命を謙虚に受け入れ

人間と宇宙　星はかつては帝国の運命および王の生と死を予言すると考えられていた。現在は、星は科学的真実を明らかにする。

スペイン人によるメキシコ征服の前兆である彗星の出現。15世紀のミチョアカン古写本（エスコリアル所蔵）。

ることを覚え、現世の命ははかなく悲しくとも、来世にはこのうえなく幸せな永遠の命が約束されていると期待して、みずからを慰めるようになった。だが、人間を超えると同時に自然をも超える存在があることを不本意ながら認めても、自分とそうした存在とのあいだに広く深い深淵が横たわっていることにはいっさい疑いを抱かなかったのである。人間は、未知の世界の暗闇にいるのではないかと想像している神々が、実は知識と力でも生命の輝きと長さでも、自分より優れているのだと認めていた。しかし、たとえ人間にはわかっていなかったとしても、そうした栄光と畏怖の存在は、ドイツのブロッケンの妖怪と同じように、ちっぽけな人間自身が巨大に誇張された姿にすぎなかった。神々との隔たりが大きく、また、無知ゆえに厚いベールを通してみてしまっていたのだ。実際、人間がつくり出した神々は人間自身の姿に似ており、また、当然のことながら、人間と同じく限りある命という悲しい境遇にあるのだと考えられていた。たとえば、グリーンランドの人々は、風のひと吹きで最も強力な神も殺すことができるし、また、この神は犬に触れると必ず死ぬと信じていた。だから、キリスト教の神のことを聞いたとき、その神はけっして死なないのかと尋ねて、死なないのだと告げられると、とても驚いて、その神こそ真の大神にちがいないといったのである。

エジプトの大神も人間と同じ運命にあり、老いて死んだ。人間と同じように、肉体と霊魂をもち、人間と同じように、生身の体の情欲や衰えに逆らうことはできなかった。確かに、人間に比べれば、その肉体は霊妙な型からつくられ、長く生きはしたが、それでも時の流れに逆らって永遠に生きつづけることはできなかった。歳をとると、その骨は銀に、その肉は金に変わり、その青い髪の毛は瑠璃《るり》になった。そして、死が訪れると、楽しい現世を去り、墓のかなたの暗い世界で死神として死者たちを治めた。神の霊魂も、人間と同じく、肉体から離れないかぎり、死後も存在しつづけることができた。だから、神の霊魂がその肉体とともに死んでしまわないように、ふつうの人間の死体と同じように神の死体もミイラとして保存する必要があった。バビロンの大神も、礼拝者たちの夢と幻のなかに現れるだけではあったが、やはりその姿も情欲も運命も人間と同じであった。人間と同じように、この世に生まれ、愛

エジプトの女神イシスの星であるシリウスを現代の望遠鏡で見たもの。３段階の露出で撮影。写真：リック天文台

し、戦い、死んでいったのである。

神の死を扱った有名な物語の一つに、プルタルコスが語っているものがある。それはこういう筋だ。ローマ皇帝ティベリウスの治世に、エピテルセスという名前の教師がギリシアからイタリアへ船で旅をした。その船は商船で、おおぜいの人が乗っていた。夕暮れに七諸島（イオニア諸島）の沖にさしかかったとき、風がやんでしまい、船はパクシ島の近くまで流されていった。船客のほとんどはまだ寝ておらず、食後のワインを楽しんでいる者も多かった。そのとき突然、島のほうからタムスを呼ぶ声がした。船員も船客も驚いた。確かにタムスという名のエジプト人の舵手《だしゅ》はいたが、その名まで知っている者はほとんどいなかったからだ。また呼ぶ声がしたが、タムスは黙っていた。だが、三度目の呼びかけに返事をすると、島からさらに大声で、「パロデスに着いたら、大牧神パンは死したりと告げるのだ」といった。船上の人々は驚き、その声のいうとおりにするほうがよいのかどうか相談した。最後にタムスが決断を下した。風が吹いていたら、黙って通過してしまおう。だが、パロデス沖にさしかかったときに風がやんでいたら、この伝言を知らせることにしよう。そして、パロデス沖にくると、海はすっかり凪《な》いでしまったので、タムスは船尾に立つと、岸に向かって、いわれたとおりに「大牧神パンは死したり」と叫んだ。その言葉を発したとたんに、まるでおおぜいの人が悲しんでいるかのように、大きな嘆きの声が聞こえてきたのである。

このたぐいの物語は西アジアで中世にいたるまで流布していた。あるアラブ人が記しているところによると、カイエム首長《カリフ》の治世、一〇六三年ないし一〇六四年に、一つの噂がバグダードに流れ、たちどころにイラク全域に広がったという。砂漠へ狩りに出かけたトルコ人が、黒いテントのなかでおおぜいの男と女が顔をたたきながら、大声で泣いているのを見かけたというのだ。これは人が死んだときの東方の慣習だが、その泣き声に混じって、「精霊《ジン》の大王が亡くなられた。この国に災いあらん」という声がはっきり聞こえたという。この噂がもとで、精霊の王の死を悼まない町は滅び去ってしまうという謎めいた脅威が、アルメニアからチュジスタンにいたるまで広がってしまったのである。

第二章　聖なる王を殺すこと

力が衰えると殺される王

人々がこの世の不安や喧騒をよそに別世界に住む高貴な神々もやがては死ぬと信じているとすれば、まして人間世界に仮住まいしている神であれば、死ぬ運命から逃れられるとは思ってもいないはずだ。もっとも、聞くところによると、アフリカの王たちは魔法の力のおかげで自分は不死だと思っていたようだ。ところで、すでにみたように、未開の人々はときには、自分の安全もこの世の安全さえも、こうした人間の姿をした神の化身である人間神の命と切っても切れない関係にあると信じている。だから、当然のことながら、自分自身の命は二の次にして、この人間神の命をなにより大切にする。だが、いかに大切にし用心しても、人間神が老いて弱り、ついには死んでしまうのは防ぎようもない。崇拝者たちはこの悲しい宿命を覚悟し、最善をつくして対処しなければならない。さもないと恐るべき危険が訪れるはずだ。なぜなら、自然の運行がこの人間神の命に委ねられているとすれば、その力がしだいに衰え、ついには力つきて死んでしまったら、どんな悲劇的な結末が待ちうけているかしれないのである。このような危険を回避する道は一つしかない。人間神の力に衰えかけた兆候が見えたら、たちどころに殺してしまわなければならない。そして、その霊魂が迫りくる衰えによってひどく損なわれないうちに、元気な継承者に移してしまわなければならない。こうして人間神を老衰や病気で死なせずに、殺してしまうほうが、未開人にとって明らかに都合がよかったのだ。つまり、人間神がいわゆる自然死を遂げたら、未開人の考えでは、それは霊魂が自分の意思で肉体から離れて、戻ろうとしないということであり、あるいは、このほうがふつうだが、悪魔やまじない師が霊魂を抜き出してしまったとか、少なくともさまよっている霊魂を引きとめていると考えているのである。いずれにしろ、そのとき人間神の霊魂は崇拝者たちの前から消えてしまい、それとともに彼らの繁栄も去り、彼らの存在そのものが脅かされるというわけだ。たとえ死にゆく神の唇や鼻孔から出ていく霊魂をなんとか捕まえて、それを継承者に移せたとしても、それだけでは目的を果たしたことにはならない。なぜなら、病気で死ぬと、霊魂は必ず衰弱して消耗しきったぎりぎりのところで肉体から離れていくので、弱々しくなってしまった霊魂は、どんな肉体に移ったとしても、いぜんとして生気もなく不活発なままだからである。ところが、人間神を殺せば、崇拝者たちは第一に、その霊魂が逃げ出すところを確実に捕まえて、適切な継承者に移すことができる。第二に、人間神が本来備えている力が勢いを失う前に殺せば、人間神が朽《く》ち果てるとともにこ

王は力が衰えると殺される　ギリシアの王オイノマオスは、娘の求婚者ペロプスとの戦車競走に負けた。このローマ時代の大理石の石棺には、オイノマオスが戦車から落ちて死に、ペロプスが戦車を駆りつづける模様が描かれている（ローマ、ヴァチカン博物館所蔵）。写真：アリナーリ

の世が衰亡するのを防ぐことができる。したがって、人間神を殺し、その霊魂がまだ盛りのときに、元気な継承者に移すことで、あらゆる目的が叶えられ、すべての危険が回避されるのである。

カンボジアの神秘的な「火の王」と「水の王」は、自然死を遂げるのを許されない。そこで、これらの王が重病になり、回復はおぼつかないとなると、長老たちが刺し殺してしまう。コンゴ族には、チトメと呼ぶ大祭司が自然死を遂げると、この世は滅亡し、その力と功徳《くどく》で支えられてきた大地はたちどころに崩壊してしまうと信じる人たちがいた。そこでチトメが病いに倒れ、回復の見込みはないとみるや、その継承者となる定めの男が、縄か棍棒をもって、そのチトメの家にいき、絞殺するか撲殺した。古代エチオピアの首都メロエの王は神として崇拝されていた。ところが、祭司たちは勝手なときに王に使者を遣わし、死を命じたうえ、その命令を権威づけるために神々の託宣と称して伝えたのである。エジプト王プトレマイオス二世と同時代のエルガメネス王の治世にいたるまで、メロエの歴代のメロエ王はこの命令に従ってきた。だが、エルガメネス王はギリシアの教育を受けたので、国民の迷信にはとらわれず、あえて

祭司の命令を無視し、兵隊を率いて黄金神殿を襲い、祭司たちを斬り殺してしまった。

聖なる王に衰弱や老衰の兆候が現れたとたんに殺してしまう慣習は、白ナイル流域のシルック族の社会ではつい最近まで広く行われていた。もっとも、現在ではみられないが、それも一時的に中断しているのではなく、完全に行われなくなったようだ。シルック族が暮らしている地域はほとんどが草原地帯なので、羊と山羊が最大の財産だが、アズキモロコシという穀物も広く栽培されている。牧畜が中心といっても遊牧民ではなく、多くの村で定住生活をしている。現在の人口はおよそ四万人で、ファショダに住む一人の王《レト》が統治している。人々はこの王を非常に大切にし、敬意を払っている。

シルック族が王に尊敬を示すのは、主として、王がニイカングの霊の生まれ変わりだと信じているからのようだ。ニイカングというのは、西からとも南からとも伝えられているが、シルック族を連れてこの地にやってきて、王朝をたてた半神的英雄である。伝説が王の家系をニイカングの時代から現在にいたるまで脈々と保ってきているのだ。

コドク（旧称ファショダ）あたりのシルック族は、ニイカングを外見や肉体は人間の姿をしていたが、近代の王家の子孫たちとは違って、死んだのではなく、ただ姿を消しただけだと信じている。ニイカングの神聖さは特にシルック族の大神ジュオクとの関係に表れている。人間を創造し、自然の運行を司《つかさど》っていたとされるジュオクは、形もなく目にも見えず、空気のようにどこにでも同時に存在する。ニイカングとも人間ともはるかにかけはなれ

神の化身たる王　アフリカのシルック族の王には、その祖神ニイカングの霊が宿っているとされる。正装したシルック族の王アヤング・アネイ・クル。グラナダ・テレビ制作『失われゆく世界』

た崇高な存在だが、直接に崇められることはなく、必ずニイカングが介在する。シルック族がいけにえを捧げてニイカングの機嫌をとれば、ジュオクが家畜や作物に必要な雨を降らせる気になるというのである。ニイカングは雨をもたらすという形でシルック族におおいなる恵みを与える存在なのだ。現在のシルック族の信仰は、彼らの王の伝説的な始祖であるこの半神的英雄への崇拝が中心となっている。ニイカングをめぐる伝説がだいたい正確であることを疑う根拠はないようだ。十中八九、彼の時代やその後の時代の信奉者たちの迷信によって神の位にまで祭り上げられてしまった人間である。ニイカングを祀る神廟は十ヵ所もあり、そのうち最も有名なのがファショダとアクルワとフェニカングの三神廟である。神廟はすべてニイカングの墓所《ケンゴ・ニィカング》と呼ばれているが、そこに誰も埋葬されていないのは周知の事実だ。これらの神廟で毎年二回、大祭が行われる。一回は雨乞いの祭り、もう一回は収穫を祝う祭りである。

シルック族の信仰の基本にあるのは、そのとき治めている王は神格または半神格をもつニイカングの霊の化身なので、王自身もある程度の神格をもつということだ。ところが、シルック族は王にたいして信仰に近いほどの高い尊敬を示し、王が不慮の死を遂げないように万全の用心を怠らないのだが、それにもかかわらず、「王が病気になったり老衰になるのを許してはならない。さもないと、王の活力が衰えるとともに、家畜が病気になって繁殖しなくなったり、作物が畑で腐ってしまったり、人間も病魔に襲われて次々に死んでいくと固く信じて」いる。そうした災厄を防ぐために、シルック族は王に健康を害したり力の衰えたきざしが見えると、すぐに殺してしまうのが習わしだった。致命的な衰えの兆候の一つが、ファショダのあちこちに住まわせていたおおぜいの妻を性的に満足させてやる力がなくなることだった。

シルック族の王は、衰えが始まった兆候が現れると、相応な儀式で殺されることになっていた。それればかりでなく、まだ健康も力も盛りにあるときですら、いつなんどき競争相手に襲われるやもしれず、そのときは死をかけて戦い、王座を守らなければならない。シルック族に語り継がれてきた伝説によると、王の息子は父王と戦い、首尾よく父王を殺したら、代わって王位に就く特権をもっていた。この襲撃はたいてい夜中に行われ、ひとことの声も出さず槍と楯のぶつかる音しか聞こえない。それは、助太刀の牧夫を呼ばないのが王たる者の名誉だったからだ。

王が一騎討ちでは死なず、病気や老衰で死ぬと、継承者を見つけなければならなかった。

その継承者は最も勢力のある首長たちが王族《ニアレト》、すなわち亡き王の息子か先王たちの息子のなかから選んだようだ。王位の継承に伴う厳粛な儀式のうちで特に重要なのは、王朝の始祖ニイカングから代々の王座継承者に伝えられてきたその聖なる霊を新王に移すための儀式と思われる。

王朝の始祖ニイカングと同じく、シルック族の歴代の王は死後、その墓所の上に建てられた神廟に祀られる。王の墓所はふつうその生誕地の村にあり、ニイカングの神廟を模したもので、数棟の小屋を垣で囲ってある。その小屋の一つは王の墓の上に建てられ、ほかの小屋にはその神廟を守る者たちがいる。実は、ニイカングの神廟と王たちの神廟はほとんど見分けがつかない。また神廟で行われる宗教儀式も形式はまったく同じで、違うのは細かい点だけである。その違いもニイカングの神廟のほうを神聖視しているためらしい。ニイカングの神廟で行われる収穫の儀式は、必ずとはいわないまでもたいていは、王たちの神廟墓でも行われている。それに、病人が供物として動物を捧げるのも、ニイカングの神廟でも王たちの神廟でも同じである。

概して、シルック族の信仰の中心になっているのは、死せる王と生きている王を問わず、神聖な王や神格をもつ王にたいする崇拝のようだ。王たちはただ一つの聖なる霊によって命を吹き込まれ、その聖なる霊は、半ば神話の人物ではあるが、おそらく事実上は歴史に実在した王朝の始祖たるニイカングから、その歴代の継承者をへて、現代まで伝えられてきたのだと信じられている。といっても、その聖なる霊が王族の人々に生まれながらに宿っていると考えられていないのは明らかだ。聖なる霊は、ニイカングの聖霊が宿っているとされるニイカングという神秘的な存在によって、代々、王から王へと伝えられてきたものにすぎない。こうして、シルック族は王を人間や家畜や作物の安寧《あんねい》を左右する神の化身とみなしているので、その王に最大の敬意を示し、あらゆる配慮を怠らないのはいうまでもない。その聖なる王に健康を害したり力の衰えた兆候が認められたとたんに殺してしまう慣習は、われわれにはどんなに奇異にみえようとも、王にたいする人々の深い尊敬の念から発したものであり、王というよりその王に命を吹き込む聖なる霊を、最も効験あらたかな状態にしておきたいという熱意の表れなのである。いや、それどころか、王を殺すこの慣習こそ、彼らが王に抱く敬意を示す最上の証といってもよいだろう。

シルック族の聖なる王にまつわる考え方や慣習は、「森の王」たるネミの祭司にまつわる考え方や慣習ときわめてよく似ている。といっても、ネミの祭司に関する私の見解が正しければのことだが。ともかく、いずれの場合も、代々の聖なる王の命が人間や家畜や植物の豊穣を左右すると信じられており、その王が一騎討ちにしろほかの形にしろ殺されるのは、その聖なる霊を、病気や老齢によって弱ったり衰えたりした王から活力あふれる継承者に移すためであり、それは、王が弱れば人間や家畜や作物も弱るのだと崇拝者たちが考えたからである。

ディンカ族は白ナイル流域のさまざまな部族の総称で、その領土は川の東岸のほぼ全域、北緯六度から十二度まで広がり、推定およそ六万から七万平方マイルあったとされる。

ディンカ族の雨乞い師は、人々から非常に尊敬されているにもかかわらず、というよりむしろ非常に尊敬されているために、病気や老衰で自然死を遂げるのを許されない。もしそうした不幸な出来事が起きたら、自分たちも病気や飢饉に悩まされ、家畜が繁殖しなくなると信じているからだ。そこで、雨乞い師は、老いて衰えを感じはじめると、死にたいとわが子たちに告げるのである。ディンカ族の亜部族アガル族の場合は、大きな墓穴を掘り、そこに雨乞い師が頭の下に獣の皮を敷き、右横になって横たわる。友人や身内がそのまわりを取り囲む。幼い子どもたちはその仲間に加われるが、年長の子どもたちは、悲しみと絶望のあまりわが身を傷つけるといけないので、墓に近づくことを禁じられている。雨乞い師は何時間も、たいていは一日以上、飲まず食わずで横たわったままである。そしてときおり、見守る人たちに話しかけ、部族の歴史を回想して語ったり、自分がどのように彼らを治め、助言を与えてきたかを告げたり、これから彼らがどのように生きていくべきかを教えたりする。こうして訓戒が終わると、もうよい、埋めてくれという。そして、墓に横たわる雨乞い師に土がかけられ、雨乞い師はやがて窒息して死んでしまう。こうして雨乞い師が死んだとたんに、そのかけがえのない霊魂は、息子かほかの近親者か、ふさわしい後継者に移ると信じられているのである。

一定の期間が終わると殺される王

　これまでに述べてきたいくつかの例では、聖なる王や祭司は、なんらかの肉体的な欠陥、つまり健康の衰えや老いを示す目に見える兆候が現れて、もはやその神聖なる任務を遂行するのにふさわしくないとわかるまでは、その地位にとどまることを許される。ところが、そうした兆候が外見に現れると、たちどころに殺されてしまうのである。しかし、どんなにわずかでも兆候が現れるまで待っていたのでは安心ならないと思い、まだ元気盛んなうちに王を殺してしまうほうがよいと考えた人々もいたようだ。そこで、統治期間を定め、その期間が終わったら死ななければならないとした。しかも、その間に王の肉体が衰えることはまずありえないくらい短い期間に定めたのである。インド南部には、その期間が十二年と定められている地方があった。たとえば、インド最南端のコモリン岬から北東六十マイルほどのところにあるクィラケア地方には、「異邦人の祈りの家があり、そこには彼らが大切にする偶像が安置されている。十二年ごとに大祭が開かれ、祝祭日としてすべての異邦人が参詣《さんけい》する。その神殿は広大な領地を所有し、莫大な収入を得ている。これはたいしたものである。この地方には王がおり、その王が治めるのは祝祭日から次の祝祭日までの十二年間だけだ。その暮らしぶりはこんな具合である。十二年の歳月が終わり、祭りの日がくると、おびただ

同胞のために人間を焼き殺す
臣民のために焼き殺されるリュディアの王クロイソス。この物語はその後、本来の意味が変わってしまい、クロイソスは征服者キュロスによって焼き殺されるという話になる。ギリシア時代の壺（パリ、ルーブル美術館所蔵）。写真：国立博物館

しい人が群れ集まり、惜しげもなく金をつかって祭司《バラモン》を歓待する。王は木のやぐらを立てさせ、それに絹の天蓋《てんがい》をかけさせる。いよいよ祭りの当日になると、王は音楽が奏でられるなか荘厳な儀式とともに水槽で沐浴《もくよく》してから、偶像に祈りを捧げ、やぐらに登る。そこで、すべての人が見守る前で、よく切れる小刀を手にとり、まずみずからの鼻をそぐ。それから両耳、唇と、体のあらゆる部分を切り、自分の手でできるかぎりの肉を切り落としてしまう。そして、大急ぎでその肉を投げ捨てると、出血多量で気を失いかけるころに、喉をかき切るのである。王は偶像にわが身を捧げるのだ。そのあとの十二年間を王として統治し、偶像のためにこうして殉教死を遂げたいと願う者は、この光景をじっと見つめていなければならないとされている。人々はその場でその者を王に祭り上げるのだ」。

一定の期間が満了したあとに死が待っているとなると、王としての特権の一部とともに苦

痛に満ちた義務を肩代わりしてくれる者を求めるのは当然の成り行きであった。ジャワのサルタンたちは国のために死ぬ義務を肩代わりさせていたと思われる。タンジール生まれの著名な旅行家イブン＝バトゥータが、十四世紀の前半に東インドを訪れたとき、あるサルタンの宮廷で実際に目にした光景は、少なくともそうした慣習があったことを示している。「サルタンに謁見しているとき、一人の男が目にとまった。その男は採り残しのブドウを摘むときに使うような小刀を手にしていた。男はその小刀を自分の首に当て、長いこと私にはわからない言葉で何かいっていた。そのあと小刀を両手で握ると、喉をかき切った。よほどよく切れる刃で、よほどすごい力を入れたのか、男の首が地面に落ちた。私が男のふるまいに唖然としていると、サルタンはこういったものだ。『お国では誰もこういったことをしないのかね』。そこで私は答えた。『こんなことは見たこともありません』。するとサルタンはほほえみを浮かべていった。『この者

古代の近東には、人間のいけにえを焼き殺す慣習があった。３人の若者を燃えさかる炉で焼き殺したという旧約聖書の物語は、この慣習を反映しているが、ただし、現在の解釈では、人間救済のメッセージがこめられているとする。キリスト教徒の石棺（ローマ、ヴァチカン博物館所蔵）。写真：ローマ、PCAS

たちは私たちの奴隷だ。私たちのために死んでくれるのです』。それからサルタンは、死んだ男を連れていって火葬にしろと命じた。その火葬にはサルタンの役人、貴族、軍人、そして一般の人々も参列した。死んだ男の子どもたち、妻、兄弟たちはたっぷりと恩給をもらい、男のおかげで非常に尊敬された。この一件があったとき、謁見の場にいあわせた人が教えてくれたのだが、わが身を犠牲にした男は、君主へわが身を捧げるといっていたのだそうだ。男は、自分の祖父が王の祖父のためにしたように、自分の父が王の父のためにしたように、自分も王のためにわが身を捧げたいといっていたのである」。この記述から推測すると、かつてはジャワのサルタンも、クィラケアの王と同じように、一定の期間が終わると、わが喉をかき切らなければならなかった。それがのちになって、国のために死ぬという栄光を伴いはするが苦痛に満ちた義務を、ある家系の者たちに肩代わりさせるようになり、肩代わりする者たちはその報酬として生存中は豊かに暮らし、死んだら盛大な葬式を行ってもらっていたのだろう。

古代ギリシアでは、多くの王が治世を八年と限られていた。あるいは少なくとも、その八年の期間が終わるたびに、神の恩寵が新たに与えられる宗教儀式を行って改めて王位に就いていたが、それは、王にその世俗的および宗教的義務を果たさせるためにはそうする必要があると考えられていたからだ。そう信ずべき根拠はいくつかある。たとえば、スパルタの制度では、八年目ごとに、監督官たちが月のない晴れた夜を選び、坐して静かに空を見上げるべしと定められていた。夜空を見上げたとき、隕星すなわち流れ星を見たら、彼らは王が神に逆らう罪を犯したのだと判断して、デルポイの神託かオリュンピアの神託によって王の復位が許されるまで、王権を停止させた。これは、いかにも古代の慣習という感じがするが、スパルタの君主政治が終わるころになってもまだ死文と化してはいなかった。というのは、紀元前三世紀、改革派に嫌われたある王が、さまざまないいがかりをつけられて実際に退位させられたが、空に不吉な兆しが現れたからというのが、そのいいがかりの最たるものだったのである。これは、かつては大きな意義をもっていたと思われる制度が、その意義が薄れながらも存続していて、古代ギリシアのドーリアで昔は宗教が王権に制約や制限を課していたことを示すものだ。古代ドーリア人にとって流星が正確にどういう意味をもっていたのかは、はっきりしない。だが、一つだけわかっていることがある。それは、流星の出現は状況次第で王の退位の正当な理由となり、退位を要求さえできるくらい、何か悪いことが起きそうな不吉なしるしとみなされていたことだ。ごく単純な自然現象にたいするこうした過大な恐怖は、現代でも多くの未開人にみられる。スパルタ人はそうした恐怖を未開の祖先から受け継いできたのだと推測しても、あながちまちがいとはいえないだろう。ドイツの森でも、未開の祖先たちは多くの星空の夜、夜空に長く尾をひく流星の輝きを、仰天して見つめていたのかもしれない。

有史時代のバビロニアでは、王は死ぬまで王位に就いていたが、建前としては一年の任期

王位の継承　死んだ王の霊は、血族関係または王位を象徴するものによって、後継者に移る。
（左）アフリカのアシャンティ族の王が着用していた黄金の胸飾り。19世紀のもの（ロンドン、大英博物館所蔵）。
（右）イングランド王の王冠。懺悔王エドワードが着用していた古代の王冠が、チャールズ２世の時代に複製され、その後、代々の国王の戴冠式で使われている。写真：ジョン・トパム・ピクチャー・ライブラリー
（次頁）呪術師がベニンの王の息子を指さしている。ベニンの青銅の飾り板。16世紀後半のもの（ロンドン、大英博物館所蔵）。

ということになっていたようだ。毎年、ザグムクの祭りで、王はバビロンのエサギル大神殿に安置されたマルドゥク神の像の両手をつかんで、力を取り戻さなければならなかった。アッシリアがバビロンを滅ぼしたあとも、アッシリアの君主は毎年バビロンへ赴き、新年の祭りで古来の儀式を行って、正式に王位に就くものと期待されたが、なかにはその義務を重荷と感じる者もいて、そんな義務を果たすくらいなら王の称号をすっぱり捨てるほうがよいと考え、王より格の低い総督の地位で満足する君主もいたほどだ。さらに古く、有史以前のことだが、古代バビロ

ニアの王やその未開の祖先たちは、一年間王位に就いたあと、王冠ばかりか命まで失ったらしい。これは少なくとも次のような証拠から明らかである。バビロニアの神官ベロッソスは、豊富な知識を駆使してバビロニア史を書いているが、それによると、バビロンでは毎年サカイア祭が行われていた。この祭りはロオスの月（太陽暦七月〜八月）の第十六日に始まり、五日間続く。その間は主従の立場が逆になり、召使いが命令して、主人がそれに従うのである。また、死刑囚は王衣を着せられ、王座に就いて、好き勝手に命令を出し、飲み食いして楽しみ、王の愛妾《あいしょう》と寝るのを許される。だが、五日たつと、王衣をはぎとられて笞《むち》打たれ、絞首刑かくし刺しの刑に処されるのである。この短い在位のあいだ、その死刑囚はゾガネスという称号で呼ばれた。

　歴史の夜明け前のバビロンで、サカイアの祭りのときに殺されていたのが王であったとすれば、当然、サカイアの祭りとは有史時代のザグムクまたはザグムクの祭りと同じものだと考えられる。バビロニアの神マルドゥクの神殿で行われる宗教儀式によって、王が正式にその力を取り戻さなければならなかった、あの新年の大祭である。このザグムクの祭りを思わ

崇拝される動物　人間と動物を結びつける考え方は、霊魂の転生にたいする信仰から生まれたものと考えられる。多くの文化で、特に死んだ王の霊魂は動物に移ると信じられているし、ときには、生きている王の霊魂が動物の姿をとるとされることもある。この考え方の名残がヨーロッパの紋章の図柄にみられる。

（上）ドイツのハインリヒ6世（神聖ローマ皇帝）の肖像。鷲の紋章がついている。14世紀のもの（ハイデルベルク大学図書館所蔵）。

（下）イギリスのバッキンガム宮殿の門についているライオンと一角獣の紋章。写真：デリック・ウィッティせる儀式がクルド語系ヤジーディー族の信仰に残っているようだ。彼らは、新年に神が玉座に着き、その一年の神意を告げ、神官に任務を与え、署名して押印した信任状を手渡すと信じているのである。

バビロンでは王衣をまとった死刑囚が王の身代わりに殺されたという見方を裏づけるのが、西アフリカにみられる慣習である。その慣習では、王の葬儀のとき、奴隷に大臣の扮装をさせ、大臣として殺すことがあった。その奴隷の主人である大臣は、代理に死んでもらう特権を金銭で買ったのだ。このような身代わりのいけにえは、奴隷海岸のポルト・ノヴォでカトリックの宣教師が実際に目撃している。ウガンダのブニョロ（バキタラ）族がかつて行っていた慣習は、彼らが最近まで、王位と王の命を一年に限るとする似たような慣習を守っていたことを示しているようだ。その慣習についてキャノン・ロスコーが次のように記している。「王が埋葬された命日あるいはその前後に、現王が亡き王の祭りの準備をするようバムロガに命じる。バムロガはバビト族から貧しい男を選び、亡き王の扮装をさせる。選ばれた男は王の墓で王として暮らし、その王の名前で呼ばれる。亡き王の生まれ変わりとみられていたからだ。男は墓で暮らし、ごちそうを与えられ、崇められ、墓を守る亡き王の妻たちを意のままにできる。現王は男に贈り物をし、男は現王と民と家畜に祝福を与える。王の所有する牛を贈り物として好きなように分配する。こうして八日のあいだ王として暮らすのである。そして、九日目、男は墓の裏に連れ出されて絞め殺され、その後の消息はようとして知れない。この儀式は毎年行われていた」。毎年、八日間、王位に就くこの偽物の王は、現王の身代わりだったといってもよい。こうして、王は毎年、身代わりをたてて死ぬのだ。もっと前の時代には、王は一年の短い治世が終わると、みずから死ぬしか道はなかったのかもしれない。

第三章　王殺しに代わる慣習

仮の王

王を殺す古くからの慣習がバビロンでは形を変えて広く行われていたようだが、それがさらに緩和された形で残っていたところもある。王は毎年、退位して、短い期間だが一応名目だけの王にその位を譲る。だが、名目だけの王は、その短い在任期間が終わったあともはや殺されることはない。もっとも、その代わりときには死刑の真似事をする慣習が残っていて、かつて王が殺されていた時代を思い出させる。カンボジアでは、毎年ミァックの月（二月）に王が三日間だけ王位を退いた。この期間、王はいっさいの権威をふるわず、印章に手を触れず、当然入ってくる収入も受けとらない。王の代わりに「スダッチ・ミァック（二月王）」と呼ばれる仮の王が治めた。この仮の王は、王家の遠い親戚にあたる家が世襲し、本物の君主の継承と同じように、息子が父のあとを継ぎ、弟が兄のあとを継ぐのであった。占星術師が選んだ吉日に、凱旋行列のように華々しく、この仮の王を役人たちが案内した。王家の象にのせた駕籠《かご》に坐った仮の王を、シャム（訳注＝現在のタイ）、アンナン（訳注＝現在のベトナム）、ラオスなど近隣諸国の人々を代表する装いの兵隊たちが護衛していた。仮の王は、黄金の王冠の代わりに尖った白い帽子をかぶり、宝石をちりばめた黄金製の王笏《おうしゃく》の代わりに粗末な木製の笏をもっていた。この仮の王の行列は三日間続き、仮の王は三日間の王権とともに、その期間に生じるすべての収入を与えられる（もっとも、この収入のほうは省略された時期もあった）。仮の王の行列は、本物の王に敬意を表したあと、王宮のまわりを一周してから、都の通りを練り歩く。三日目、行進を終えると、仮の王は、竹のやぐらを稲の束で囲った「稲の山」を象たちに踏みつぶさせるよう命じる。その稲粒を豊作を願う人々が群がって拾い集め、家に持って帰る。この稲粒は王のもとにも届けられ、王はそれを炊かせて、僧侶たちにふるまうのである。

　シャムでは、第六月の六日（四月の末）に、仮の王が任命され、三日間だけ王権を行使し、本物の王は王宮に閉じこもっている。この仮の王はおおぜいの従者をあちこちに遣わし、市場や露店から目についたものを手あたりしだいに奪ってこさせる。この三日間に入港した大小の船も残らず没収される。それらの船は持ち主があとで買い戻さなければならない。仮の王が都の中心にある畑に出向くと、はでに飾りたてられた牛がひく黄金色の鋤《すき》を従者が運んでくる。その鋤に油が塗られ、牛に香料がすり込まれると、偽の王が九本の畝《うね》をつくり、そのうしろから王宮に仕える老婆が種まきの季節の最初の種をまきながらついていく。こうして九本の畝ができると、見物していた人々が殺到して、まいたばかりの種をわれ先にと拾う。これを種籾《たねもみ》に混ぜてまくと、豊作まちがいなしというのである。それから鋤をはずされた牛の前に米、トウモロコシ、ゴマ、サゴヤシ、バナナ、サトウキビ、メロンなどが並べられる。牛が最初に食べたものが、翌年、高値がつくとされているが、これを逆の意味の前兆ととる人もいる。いずれにせよ、この間、仮の王はずっと左膝に右足をのせた姿勢で、一本の木に寄りかかっている。このように片足で立っている姿から、仮の王は「一本脚の王」の通称で呼ばれているが、正式の称号は「天軍の王《プラヤ・ポルラセプ》」というのである。この仮の王はいわば農業大臣であり、田畑や稲作に関わるいっさいのもめごとが持ち込まれる。さらに王の代役を務める儀式がもう一つある。それは第二月（寒期）にとり行われ、三日間続く。仮の王の行列がバラモンの寺院の向かい側にある広場に赴くと、その広場には「五月の柱《メイポール》」のように飾られた何本もの柱が立っていて、それにバラモンの僧がぶら下がっている。僧侶たちが柱を揺すったり踊ったりしているあいだじゅう、「天軍の王」は、煉瓦でつくり漆喰《しっくい》を塗って白い布で覆い、綴織《つづれおり》をかけた台の上に片足で立っていなければならない。「天軍の王」は黄金色の天蓋をかけた木の枠に寄りかかって体を支え、その両脇にバラモンの僧が一人ずつ立つ。踊っている僧侶たちは水牛の角で大釜の水を汲みとり、見物人たちにふりかける。こうすることで人々に幸運をもたらし、平和で平穏に、健康で豊かに暮らせるというのだ。「天軍の王」が片足で立っていなければならないのはおよそ三時間である。これは「デーヴァッタ（神）と精霊の意向を証明するため」の時間と考えられる。「天軍の王」が片足をおろせば、「財産を没収されたうえ、一家は王の奴隷にされる。それは国が滅亡し王位が揺らぐ不吉な前兆と信じられているからである。だが、じっと片足で立っていれば、悪霊に勝ったのだとされ、さらに、少なくとも表面上は、この三日間に入港する船を捕らえて積み荷を没収したり、町の露店に押し入って、欲しいものを勝手に持ち帰る特権を与えられるのである」という。このシャムの「一本脚の王」の義務と特権は、十九世紀半ばあるいはそれ以降まで残っていた。

次の論証に移る前に、こうした仮の王についていくつか問題点を明らかにしておくべきであろう。まず第一に、カンボジアとシャムの例からわかるように、仮の王に移されるのは、特に王のもつ神としての機能あるいは呪術的な機能だということだ。それは、シャムの仮の王が片足を上げたままにしておくと、悪霊に勝ち、おろしてしまうと、国の存立を危うくすると信じられていたことにも表れている。また、「稲の山」を踏みつぶすカンボジアの儀式や、田畑を耕して種をまくシャムの儀式は、豊作を願う呪術なのである。それは、踏みしだかれた籾やまかれた種を持ち帰れば豊作の願いが叶うと信じられていたことに表れている。さらにまた、シャムの王の代役が鋤で耕しているとき、人々が心配そうに見守っているのは、畝がまっすぐにできるかどうかを心配しているのではなく、まとっている絹の衣の裾が脚のどのあたりまでたれているかを気にしているのだ。なぜなら、きたる収穫期の天候や作物の状態がその裾の位置できまると信じられているからなのである。もし「天軍の王」が衣の裾を膝の上まではね上げたら、雨の多い天候となり、豪雨のために不作になる。また、衣の裾がくるぶしのあたりまでたれていたら、旱魃になる。だが、ふくらはぎのなかほどあたりで止まっていれば、好天と豊作に恵まれるというのだ。王の代役の些細な動作や身振りが、自然の運行とその結果もたらされる人間の幸福と災厄を、これほどまでに密接に左右しているのである。しかし、こうして王の代役に任された作物を実らせる役目は、未開社会において王が果たすとされていた呪術的な機能の一つなのだ。仮の王が稲田につくられた高い台の上で片足で立っていなければならないという掟は、おそらくもともとは稲を丈高く実らせるまじないの意味があったのだろう。

以上の例では、仮の王は毎年、きまった慣習に従って任命されている。しかし、特別な緊急事態に対処するために仮の王を任命する例もある。たとえば、本物の王が実際に危難に見舞われたり、あるいは危難に見舞われると予想されるときに、一時的に王位を委ねた代役にその危難をそらすのである。ペルシアの歴史には、こうした王《シャー》の代役の例がいくつもみられる。たとえば、一五八七年から一六二九年まで君臨したペルシア随一の王、アッバース大王は一五九一年に、占星術師から重大な危険が迫っていると警告されたので王位を退き、ユスーフィーという、おそらくキリスト教徒だったと思われる男を仮の王に任命して、自分の代わりに統治させることで、その凶兆を避けようとした。その代役は王冠を与えられ、ペルシアの歴史家の記述を信じるならば、その代役は三日にわたって王の称号と地位だけでなく、実権までもほしいままにしたのである。そして、そのつかのまの統治期間が終わると、代役の王は殺されてしまった。こうして星座によって定められた王の天命は、このいけにえによって成就されたのだ。そして、アッバース大王は最も吉兆のときにふたたび王座に就き、占星術師たちによって長く栄光ある治世を約束されたというのである。

王の息子をいけにえにする

仮の王について一つ注目すべき点は、カンボジアでは王家の一族から選ばれていることである。仮の王に関して述べてきた見解が正しいとすれば、なぜ王の代役がしばしば王と同族の者であったのか、たやすく理解できる。王が自分の身代わりとなった他人の命を首尾よく提供できたということは、とりもなおさず、王の死が果たすべき目的をその他人の死が果たしたことを示すものだ。ところで、王は神あるいは半神として死ななければならなかった。だから、王の身代わりとなった代役は、少なくともそのときだけは、王と同じく神として死んだのである。すでに述べたように、シャムとカンボジアの仮の王の場合もそうであった。まだあまり発達していない段階の社会における王が特別にもつ超自然の機能を、これらの仮の王も与えられていたのだ。だが、神格をもつ王の代役として、王と同じく神の霊感をもつと信じられていた王の息子にまさる者はいなかった。したがって、王のために、ひいては全人民のために、身代わりとして死ぬのに、王の息子こそまさに適任者だったのである。

伝説によると、スウェーデンの王アウン（またはオン）は、自分の命を延ばすために、九人の息子をウプサラでオーディンの神にいけにえとして捧げたという。二番目の息子を捧げたあと、その神から九年ごとに一人ずつ捧げるかぎり生きながらえさせてやるとのお告げがあった。七番目の息子を捧げたとき、王はまだ生きてはいたが、すっかり弱ってしまっていて歩くことも叶わず、椅子に坐ったまま運んでもらわなければならなかった。次に八番目の息子を捧げて、さらに九年生き延びたが、そのときはもう寝たきりになっていた。それでも九番目の息子を捧げて、さらにまた九年生きながらえたが、もはや乳離れしたばかりの赤子のように角杯で水を飲ませてもらうありさまだった。それでもなお、残るただ一人の息子まで捧げようとしたが、スウェーデンの人々はそれを許さなかった。王は死に、ウプサラの墓に葬られたという。

同じような慣習は、東アフリカのキリマンジャロ山に住むチャガ族の首長たちにもみられた。彼らについては次のように伝えられている。「その昔、首長が重病になると、まず自分の先祖に、次いで、戦いに敗れ殺された首長たちの先祖に、そして最後に、戦いで自分が殺した者たちの先祖に、たくさんの動物をいけにえとして捧げたそうだ。大首長ロンゴマもわが長男をルワに捧げた。昔はほかの首長たちもこれと同じことをしていたという」。

王の長男をいけにえにする
昔の民族誌学者は、世界のほかの地域でも同じような慣習があることを知って、旧約聖書の物語を新しい観点からみるようになった。

アブラハムが長子イサクをいけにえにしようとするのを、主の天使が押しとどめている。ワマン・ポマ・デ・アヤラの模写『新しい記録と良き統治』（1615年ころ、パリ、民族学研究所所蔵）。

西アジアのセム族の場合、国が危機に瀕すると、王は人民を救うためにわが息子をいけにえとして殺させることがあった。たとえば、ビブロスの哲学者フィロンは、ユダヤ人に関する著作のなかで次のように書いている。「古代の慣習では、重大な危機にさいして、都市や国家の統治者は人民を救うために最愛の息子の命を、敵対する悪魔への身の代金としてさし出した。こうして捧げられた子どもたちは、神秘的な儀式で殺された。フェニキア人がイスラエルと呼ぶクロノスはこの地の王で、ジェオウドという名のひとり息子がいた（ジェオウドというのは、フェニキアの言葉で「唯一授かった」という意味である）。敵との戦いで国が大きな危機に瀕したとき、クロノスはその息子に王の衣をまとわせ、いけにえとして祭壇に供えたのである」。また、モアブの王は、イスラエルの軍勢に包囲されたとき、自分に代わって統治するはずだった長男を、城壁の上で焼いていけにえとして捧げた。

ヨーロッパ人旅行者がフロリダで目撃した王の長男がいけにえにされる光景。ド・ブリ『アメリカ』(1590年、オックスフォード大学、ボドリアン図書館所蔵)。

セム族の場合、子どもをいけにえにするのは王だけの慣習ではなかった。疫病、旱魃、敗戦といった重大な危機に直面すると、フェニキア人は最愛の者をバール神に捧げた。ある古代の記述には、「フェニキアの歴史はこうしたいけにえであふれている」とある。カルタゴでは、幼児をおおやけの場でいけにえに捧げる慣習があったが、ローマ皇帝ティベリウスが総督になると、祭司たちを神殿のわきの樹木に磔《はりつけ》にして処刑した。それでもこの慣習は、キリスト教に改宗したテルトゥリアヌスが生きていた時代にも密かに行われていた。

パレスチナの原住民であるカナン人は、イスラエル人に侵略はされたが絶滅せず、バール神またはモレク神にわが子を焼き殺して捧げるというおぞましい慣習を続けていたようだ。ヘブライの年代記編者の記録によると、アッシリア王シャルマネセル五世がサマリアを三年にわたって包囲したあと陥落させ、イスラエル人を捕虜として連れ帰ったが、それは、イスラエル人がカナン人の悪習に同調した報いとしての神罰だったという。イスラエル人たちは高い場所に都市を築き、すべての高い丘の上とすべての常緑樹の下に円柱や聖なる柱《アシェリム》を立てて、そこで異教徒カナン人を真似て香を焚いていたのだ。「彼らは神の戒律を捨てて、偶像をつくり、黄金の仔牛の像二体と女神アシュラーの像までつくっていた。そしてあらゆる天使を崇拝し、バール神に仕えていた。彼らはわが息子や娘に火のなかを通らせ、占いや魔法を使っていた」。

したがって、王がわが息子を自分の代理あるいは身代わりのいけにえとして殺させる慣習は、けっして例外的でも驚くべきことでもないと推論できるのではないか。少なくともセム族の国では、実際に一時期、すべての人間に、神へ捧げる務めとして、長男の命を供えるように勧めたり要求していたと考えられる。そして、まったくの類推ではあるが、一般の人々がやめてしまったあとも長く、この野蛮な慣習を王だけは守りつづけてきたのであろう。王というのは、多くの点で、過去が埋葬されている果てしなき大海原にゆらぐ孤高の尖塔《せんとう》のように、消え去った世界の象徴でありつづけるものなのである。

第四章　樹木の霊を殺す

聖霊降臨節の仮装劇

ところで、神格をもつ王や祭司を殺す慣習が、本書の研究テーマをどのように明らかにしてくれるのか。本書の冒頭で、ネミの「森の王」が樹木の霊あるいは植物の霊の化身とみなされていたと考えられる理由を明らかにし、また、崇拝者たちが「森の王」を樹木の霊の化身とみなし、樹木に実をつけたり作物を実らせる呪術的な力をもつと信じていたと考えられる理由も明らかにした。したがって、崇拝者たちは「森の王」の命をかけがえのないものとみなしていたにちがいなく、多くの地域でみられるように、人間神を悪魔や魔法使いの悪影響から守ってきたのと同じく、「森の王」のまわりにはさまざまな手のこんだ用心やタブーがはりめぐらされていたと思われる。しかし、その命がかけがえのない価値をもつからこそ、その生命を避けられない老衰から守る唯一の手段として、人間神には非業《ひごう》の最期《さいご》を遂げさせるしかなかったのである。同じことが「森の王」にもいえる。「森の王」も、神聖な霊の化身として、その霊が完全なまま後継者に移されるために、殺されなければならなかったのだ。「森の王」の地位にあるうちに、より強い力をもつ者に殺されるべきだとする掟は、その神聖な命を全盛のままに保ち、その活力が衰えたとたんに、ふさわしい後継者に移すためだと信じられていたのだろう。なぜなら、強い支配力で地位を維持できるかぎり、「森の王」の天性の力は衰えていないと考えられていたからだ。一方、ほかの者の手にかかって殺されれば、その力が衰えはじめていることになり、神聖な命は、あばらやとなった「森の王」の体から、もっと強健な者の体に移るべき時がきたことになるからである。「森の王」は後継者によって殺されなければならないとする掟について、こう解釈すれば、少なくともそうした掟が存在した意味が完全に理解できる。その強力な裏づけとなるのが、アフリカのシルック族のものの考え方と慣習である。シルック族は、聖なる王に健康の衰えが少しでもみられたら、殺してしまう。王の老衰が作物や家畜や人間の活力を失わせるのを恐れるからだ。さらに、チトメの類例もこの解釈を裏づけるものだ。世界の存続がチトメの生命にかかっていると信じられていたので、衰弱の兆しが現れたとたんに、チトメは後継者によって殺されたのである。

「森の王」はかつては一定の期間が過ぎると、延命のチャンスも与えられずに殺されたと推論してもよいだろう。この推論を裏づけるには、「森の王」と似たような存在である、樹木の霊を象徴する人間が周期的に殺される慣習があったという証拠を示せばよい。事実、北欧の農民たちのひなびた祭りに、まぎれもなくそうした慣習の痕跡が残っているのである。樹木の霊を真似事で殺す慣習は数多くあるが、そのうちで最も注目に値するのは次のボヘミアの例だろう。ボヘミアのプルゼニ地方には、聖霊降臨節のあとの月曜日に、「王さま」に樹木の皮の衣を着せて、色とりどりの花やリボンで飾る慣習がある。この王さまは金紙でつくった王冠をかぶり、花で飾られた馬に乗る。そして、やはり馬に乗った判事、死刑執行人、その他の役の人々につき添われ、騎馬の兵隊を従えて、村の広場にやってくる。広場には「五月の樹」の下に緑の小枝でつくった小屋またはあずまやが建ててあり、「五月の樹」は切り出したばかりのモミの木で、てっぺんまで樹皮をはぎ、花とリボンで飾ってある。馬に乗ってやってきた連中は、村の人妻や娘たちのあら捜しをすると、蛙の首をはねる。それから、まっすぐな広い通りを進み、あらかじめ決められた場所に着くと、二列に並ぶ。すると、まず王さまが全速力で逃げ出し、それからちょっと間をおいて、ほかの連中が全員で追いかける。そのとき捕まらなかったら、王さまはもう一年、王の役を務めることになり、その夜、仲間たちは居酒屋で王さまの勘定をもたなければならない。だが、追いつかれて捕まってしまったら、王さまはハシバミの枝で笞打たれ、木刀でなぐられ、馬から引きずりおろされる。ここで死刑執行人が「この王の首をはねようか」と尋ねる。すると、仲間たちは「その首をはねよ」と答える。死刑執行人は斧をふり上げ、「一、二、三、王の首よ飛んでいけ」とかけ声もろとも、王冠をたたき落とす。見物している人々が叫び声をあげるなか、王さまは地面に倒れ、棺架で最寄りの農家に運ばれるのである。

このボヘミアの「五月の王さま」のように真似事の人殺しで殺される者は、春になると現れると信じられている樹木の霊や植物の霊の象徴なのである。樹木の霊に扮する者たちがまとう樹皮や木の葉や花、そして彼らが登場する季節は、それらが本書の冒頭で検討した春の植物の霊の象徴と同じたぐいのものであることを示している。だが、この例にみるように、彼らが春の植物の霊を表しているのだとすれば、なぜ彼らを殺すのか、という疑問が生まれる。植物の霊はいつでも、とりわけ春には、その役目を果たしているのに、どういう目的があって殺すのか。この疑問にたいする唯一の答えは、神格をもつ王や祭司を殺す慣習について、先に述べた解釈に示されているといえよう。死すべき運命にある人間の体に宿った神聖な命は、しばし身を寄せたその体が弱ると、その弱さに感染して汚れてしまいかねない。その神聖な命の宿った人間が歳をとって弱っていくとすれば、それと運命をともにする神聖な命を救うには、その人間が衰弱の兆しを現す前に、あるいは遅くともその兆しが現れると同時に、その人間から神聖な命を切り離して、活力あふれる後継者に移さなければならない。そのために、老いた神の化身を殺して、神聖な命を新しい化身に移すのである。だから、神を殺すこと、すなわちその化身である人間を殺すことは、神がよりよい姿で再生あるいは復活するために必要な手段なのだ。したがって、春の樹木の霊の象徴を殺すのは、植物の生育を促し早めるための方策とみなされる。

北欧にみられる樹木の霊の役を務める人物と、本書の研究テーマであるネミの「森の王」あるいは祭司とのあいだには、まさに驚くべき類似が認められる。北欧の「王さま」に扮した人物がまとう樹皮と木の葉の衣、緑の小枝でつくった小屋、モミの木の下で行う謁見式、これらはその人物が、イタリアのネミの祭司と同じく、まぎれもなく「森の王」であることを示している。北欧の王さまも「森の王」と同じように非業の最期を遂げることになるのだが、やはり「森の王」と同じく、体力と敏捷さがあれば、しばし死を逃れることができるのだ。人間神は、戦ったり逃げたりといった肉体を使った激しい争いで、自分の体力がまだ衰えておらず、したがって、いずれ死ぬのを免れることはできないにしても、その非業の死を先に延ばせることをみずから示すのを条件に、延命を果たせるのである。イタリアの「森の王」と、それによく似た北欧の「王さま」とのあいだには、もう一つ類似点が認められる。ドイツのザクセンとチューリンゲンでは、樹木の霊の象徴はいったん殺されたのちに、医師の手で生き返る。これこそまさに、ネミの初代の「森の王」であるヒッポリュトスまたはウィルビウスにまつわる伝説と同じである。ヒッポリュトスまたはウィルビウスも、自分が乗っている馬に殺されたのち、医神アスクレピオスの手で蘇ったのだ。この伝説は、「森の王」を殺すのは、その後継者によって再生あるいは復活するための一歩にすぎなかったという考えと符合する。

人間のいけにえの真似事

以上述べたように、北欧の民間の慣習にみられる「王さま」を殺す真似事は、実際に王を殺した古代の慣習に代わるものだと推論した。民間の慣習というのは息長く続くものであり、文明化が進むにつれて、荘厳な儀式から単なる見せ物や気晴らしになっていく傾向があることをよく知る者は、この推論の正しさにまず疑問をさしはさまないだろう。ケルト人、チュートン人、スラブ人といった北欧の文明化された民族に、かつて人間のいけにえを供える慣習があったのは確かだ。だから、近代の農民たちが、その祖先の実際にやっていたことを形だけ真似て行っていても不思議はない。実際、本物の人間をいけにえにする代わりに、人間のいけにえを捧げる真似をする慣習は、ほかの地域でも行われてきた。たとえば、セレベス島のミナハサでは、きまった時期の祭りで人間のいけにえを捧げていたが、オランダの植民地となってからは、オランダの影響でその慣習がすたれ、人間の身代わりとして見せかけのいけにえを供えるようになった。アリゾナを探検したバーク隊長が先住部族の老首長から聞いた話によると、彼らは日がいちばん短いときに行う火祭りで人間のいけにえを供えていたという。祭司の一人がそのいけにえの喉を切り、胸を裂いて、心臓を取り出すのだ。この慣習はメキシコ人によって廃止されたが、その後も次のように形を変えて密かに長く続けられた。いけにえにされるのは、たいてい若い男で、喉を切られて、血が流れるままにされる。だが、呪術師がその傷に「秘薬」をふりかけると、たちどころに傷がなおり、若者は回復するのだ。また、ギリシアのアッティカでも、ハラエのアルテミス神殿で行われる儀式で、男が喉を切られ、血が流れるままにされたが、殺されるわけではなかった。

ときには、生きた人間ではなく、人形《ひとがた》を使って、見せかけのいけにえを捧げることもあった。古代エジプトの「太陽の都」では、毎日、三人の男がいけにえとして捧げられていた。祭司がいけにえの男たちを裸にして、いけにえの仔牛を供えるときと同じように、傷ひとつない清浄な体かどうか調べたうえで、祭壇に供えていた。だが、アアフメス王は人間の身代わりに蠟人形を供えるように命じたという。インドの法典『カリカ・プラン』には、ライオン、トラ、または人間のいけにえを供えなければならないときは、バターか糊か大麦の粉でライオンやトラや人間の像をつくり、代わりに供えるべしと定めている。また、インドのゴンド族にも、かつては人間のいけにえを供えていた部族があったが、現在では藁の人形でも十分にその役目を果たせるとしている。

謝肉祭の葬式、死の追放、夏の迎え入れ

ネミの祭司はその後継者によって殺されなければならないとする掟について、これまで一

つの解釈を示してきた。それは、そういう解釈もありうるということにすぎない。この慣習とその歴史的背景について乏しい知識しかないので、そういう解釈もありうるとしかいえないのは当然である。だが、それと同時に、まだ残っているいくつかの曖昧な点を明らかにすることはできる。それを明らかにしないと、読者から異論が出るかもしれない。ここで明らかにすることは、そうした異論への答えになるのではないか。

まず、まだ説明していないヨーロッパの農民が行っている春の慣習から始めよう。すでに述べた慣習のほかに、神格をもつ存在あるいは超自然の存在を殺すふりをするのをきわだった特徴とする、似たような慣習が二つある。その一つは、謝肉祭で人形によって神の死を演じる儀式で、もう一つは、「死」そのものを表す人形によって神の死を演じる儀式である。前者の儀式はいうまでもなく謝肉祭が終わる日、あの楽しい季節の最後の日である懺悔火曜日か、四旬節の最初の日である灰の水曜日のいずれかに行われる。

一八七七年にイギリスのある旅行者が、カタロニアのレリダで見た謝肉祭の葬式のもようを次のように記している。謝肉祭の最後の日曜日、歩兵や騎兵、それにさまざまな仮面をかぶって馬に乗ったり馬車に乗った人々が行列をつくり、パウ・ピ閣下と呼ばれる人形をのせた大きな車を護衛して、目抜き通りを意気揚々と練り歩く。それから三日間、飲めや歌えのどんちゃん騒ぎが続き、謝肉祭の最後の日の真夜中、この同じ行列が通りを練り歩く。だが、今度は前とは様子も変わり、目的も違う。凱旋の車は霊柩車に替わり、そのなかには死んだ「閣下」の人形が安置されている。そして、前の行進では楽しいしゃれや冗談を飛ばして「愚行の徒」を演じた仮面の一隊は、今度は司祭や司教の扮装をして、火をともした巨大な蠟燭を高々とかかげ、葬送歌をうたいながら、しずしずと歩くのである。大広場にくると行列は歩をとめて、死んだパウ・ピ閣下におどけた弔辞《ちょうじ》が述べられ、すべての灯火が消される。そのとたんに、群衆のなかから悪魔とその使いたちが飛び出してきて、閣下の遺骸をさらって逃げていく。そのあとを群衆が一斉にわめきながら、猛然と追いかけるのである。いうまでもなく悪魔たちは捕まり、追い散らされてしまう。そして、悪魔たちの手から救われた人形の遺骸は、あらかじめ掘ってあった墓に埋葬される。こうして一八七七年のレリダにおける謝肉祭の人形は死んで葬られたのである。

モラヴィアのドイツ人の村、たとえばヤスニッツやザイテンドルフのような村では、四旬節の第三日曜日に若者たちが集まり、藁人形をこしらえる。たいていその人形には、できれば革の帽子をかぶせ、革の古ズボンをはかせる。それから、その人形を棒に吊して、若者や娘たちが野原へ運んでいく。その道すがら彼らは、「死」を追い払い、愛する「夏」を家に迎え入れ、その「夏」とともに「五月」と花を迎え入れようと歌う。一行は、きめられた場所にくると、人形を囲んで輪をつくり、大声で叫び、踊りくるう。そして、突然、人形に突進すると、ずたずたに引きちぎってしまうのだ。最後には、ばらばらになった人形を集めて積み上げ、人形を吊してあった棒を折り、それらに火をつける。炎が上がっているあいだじゆう、彼らはそのまわりで陽気に踊り、「春」の勝利を祝って喜ぶのである。火が燃えつきかけると、一行は家々をまわって、宴のための卵を恵んでほしいと求める。そのとき、「死」を追い払ってやったのだからと理由を告げるのを忘れない。

以上の儀式では、「死」を追放した結果、「春」「夏」あるいは「命」が戻ってくるということは、ただ暗示されているにすぎず、せいぜい言葉で告げているくらいなものだ。だが、そのことをはっきりと行動で表す儀式もある。たとえば、ボヘミアのいくつかの地方では、日没に「死」の人形を水に投げ込んで溺れさせる。それから娘たちが森へいって、緑の葉をつけた若木を切り倒し、それに女の服を着せた人形を吊して、緑と赤と白のリボンで飾りたてる。娘たちはその「夏《リト》」の人形をもって行列をつくり、村じゅうをまわって、贈り物をもらいながら、次のように歌うのである。

「死」は水に溺れ
「春」が訪れる
赤い卵をもち
黄色い焼き菓子をもって
「死」を村から追い出し
「夏」を村へ迎え入れる

この種の儀式では、「死」は投げ捨てる人形で表され、「夏」あるいは「命」は持ち帰る樹木の枝で表されている。しかし、ときには、「死」の人形そのものに命の新しい力が宿っていると思われる場合もあり、その人形が一種の復活によって命を蘇らせる役目を果たすのである。ドイツのラウジッツのいくつかの地方では、女たちだけで「死」を追い出し、男には手出しをさせない。その日、女たちは喪服姿で藁人形をつくり、その人形に白いシャツを着せて、片方の手に箒《ほうき》、もう一方の手に大鎌をもたせる。いたずら小僧たちが石を投げて追いかけるなか、女たちは歌をうたいながら、人形を村はずれまで運んでいく。そこで人形をずたずたに引きちぎってから、若木を切り倒し、それに人形の着ていた白シャツを掛けて、歌いながら持ち帰るのである。

ここにみるように、こうした儀式で人形を引きちぎることで表される「死」は、われわれの考える「死」のもつ純然たる破壊をもたらす力とみなすことはできない。春になって復活する植物の象徴として持ち帰る若木に、たった今破壊した「死」の人形がまとっていたシャツを着せるのだとすれば、それは植物の再生を阻止し妨害するためではなく、植物の再生を促すためにほかならない。したがって、たった今破壊されたもの——いわゆる「死」には再生をもたらし再生を促す力が備わっていると考えるべきであろう。その力は植物界はもちろん動物界にも伝わると考えられている。「死」の人形が命を与える力をもつとする信仰を裏づける慣習は、そのほかの地方でもみられる。「死」の藁人形の残片を持ち帰り、作物の生育を願って畑にまき散らしたり、牛の繁殖を願って飼《かい》葉《ば》に混ぜたりする慣習である。

このように「謝肉祭」「死」「夏」といった名称は、これまで取り上げてきた慣習において人間の姿で表したり象徴的に示されていた存在を表現するのに、比較的後世になってつけられた不適切な名称にすぎないと考えても差し支えないだろう。こうした名称のもつ抽象的な性格が、まさしくそれらが近代になって生まれた名称であることを物

語っている。「謝肉祭」とか「夏」といった時期や季節の擬人化、あるいは死のような抽象概念の擬人化は、とても未開のものとは思えない。だが、儀式そのものには、はるか古代から行われていたことを示す痕跡がある。だから、こうした儀式に象徴されるものの考え方は、もともとはもっと単純で具体的なものだったのではないかと考えざるをえない。樹木、あるいはおそらく特定の種類の樹木（樹木全般をさす用語をもたない未開人もいたので）、あるいはまた、個々の樹木ですら、十分に具体的な観念なので、そこから徐々に普遍化が進

大気を清め、作物を高く実らせるために行うブランコ

（前頁）アフリカのサンタル族の男は、パタの祭りで作物の実りを願い、２人ひと組でブランコをする。写真：W・G・アーチャー

（左）ブランコは、ヒンドゥー教の神クリシュナとその人間の恋人ラーダーの模範的な愛の中心モチーフでもある。17世紀半ばのジャイプルの絵〈細部〉（ボストン美術館所蔵）。

んで、もっと広い意味の植物の霊という考え方が生まれたのではないか。さらに、死にゆく樹木あるいは死にゆく植物という具体的な観念も、同じように普遍化の道をたどって、一般的な死の観念に変わっていったのであろう。こうして、死にゆく植物あるいは死んでしまった植物を、その復活に備えて追い払うという慣習が、やがては「死」を村や地域から追放する行事にまで拡大していったのであろう。

M・ダグラス(Mary Douglas)
1921年生まれ。イギリスの文化人類学者。オックスフォード大学卒。ロンドン大学教授，ノースウェスタン大学教授などを歴任。邦訳書に『汚穢と禁忌』『象徴としての身体』『儀礼としての消費』など。2007年没。

S・マコーマック(Sabine G. MacCormack)
フランクフルト生まれ。ゲーテ大学で近代史を学び，オックスフォード大学で博士号取得。ノートルダム大学教授。専門はラテン・アメリカや古代地中海の信仰，宗教儀礼など。

本書は、東京書籍より刊行されている『図説 金枝篇』（一九九四年）を原本とし、文庫化にあたり上・下巻に分冊したものです。

J・G・フレーザー(James George Frazer)
1854年，スコットランドに生まれ，グラスゴー大学，ケンブリッジ大学トリニティカレッジを卒業。1879年，ケンブリッジ大学特別研究員となる。リバプール大学教授としてイギリス最初の社会人類学の講座を担当し，1914年にサーの称号を得た。1941年没。

吉岡晶子（よしおか　あきこ）
1965年，東京外国語大学卒。主な訳書に『エドヴァルド・ムンク』『図説 ケルト』『新版・図説 種の起源』『パリ点描』ほか多数。

講談社学術文庫

定価はカバーに表示してあります。

図説《ずせつ》 金枝篇《きんしへん》(上)

J·G·フレーザー著／M·ダグラス監修
S・マコーマック編集／吉岡晶子《よしおかあきこ》訳

2011年4月11日　第1刷発行
2024年6月24日　第10刷発行

発行者　森田浩章
発行所　株式会社講談社
東京都文京区音羽 2-12-21 〒112-8001
電話　編集（03）5395-3512
販売（03）5395-5817
業務（03）5395-3615

装　幀　蟹江征治
印　刷　株式会社ＫＰＳプロダクツ
製　本　株式会社国宝社
本文データ制作　講談社デジタル製作

ISBN978-4-06-292047-6

「講談社学術文庫」の刊行に当たって

これは、学術をポケットに入れることをモットーとして生まれた文庫である。学術は少年の心を養い、成年の心を満たす。その学術がポケットにはいる形で、万人のものになることは、生涯教育をうたう現代の理想である。

こうした考え方は、学術を巨大な城のように見る世間の常識に反するかもしれない。また、一部の人たちからは、学術の権威をおとすものと非難されるかもしれない。しかし、それはいずれも学術の新しい在り方を解しないものといわざるをえない。

学術は、まず魔術への挑戦から始まった。やがて、いわゆる常識をつぎつぎに改めていった。学術の権威は、幾百年、幾千年にわたる、苦しい戦いの成果である。こうしてきずきあげられた城が、一見して近づきがたいものにうつるのは、そのためである。しかし、学術の権威を、その形の上だけで判断してはならない。その生成のあとをかえりみれば、その根は常に人々の生活の中にあった。学術が大きな力たりうるのはそのためであって、生活をはなれた学術は、どこにもない。

開かれた社会といわれる現代にとって、これはまったく自明である。生活と学術との間に、もし距離があるとすれば、何をおいてもこれを埋めねばならない。もしこの距離が形の上の迷信からきているとすれば、その迷信をうち破らねばならぬ。

学術文庫は、内外の迷信を打破し、学術のために新しい天地をひらく意図をもって生まれた。文庫という小さい形と、学術という壮大な城とが、完全に両立するためには、なおいくらかの時を必要とするであろう。しかし、学術をポケットにした社会が、人間の生活にとってより豊かな社会であることは、たしかである。そうした社会の実現のために、文庫の世界に新しいジャンルを加えることができれば幸いである。

一九七六年六月

野間省一

文化人類学・民俗学

124
年中行事覚書
柳田國男著（解説・田中宣一）

人々の生活と労働にリズムを与え、共同体内に連帯感を生み出す季節の行事。それらなつかしき習俗・行事の数々に民俗学の光をあて、隠れた意味や成り立ちを探る。日本農民の生活と信仰の核心に迫る名著。

135
妖怪談義
柳田國男著（解説・中島河太郎）

河童や山姥や天狗等、誰でも知っているのに、実はよく知らないこれらの妖怪たちを追究してゆくと、正史に現われない、国土にひそむ歴史の事実をかいまみることができる。日本民俗学の巨人による先駆的業績。

484
中国古代の民俗
白川　静著

未開拓の中国民俗学研究に正面から取り組んだ労作。著者独自の方法論により、従来知られなかった中国民族の生活と思惟、習俗の固有の姿を復元、日本古代の民俗的事実との比較研究にまで及ぶ画期的な書。

528
南方熊楠《みなかたくまぐす》
鶴見和子著（解説・谷川健一）

南方熊楠――この民俗学の世界的巨人は、永らく未到のままに聳え立ってきたが、本書の著者による満身の力をこめた独創的な研究により、ようやくその全体像を現わした。〈昭和54年度毎日出版文化賞受賞〉

661
魔の系譜
谷川健一著（解説・宮田　登）

正史の裏側から捉えた日本人の情念の歴史。死者の魔が生者を支配するという奇怪な歴史の底流に目を向け、呪術師や巫女の発生、呪詛や魔除けなどを通して、日本人特有の怨念を克明に描いた魔の伝承史。

677
塩の道
宮本常一著（解説・田村善次郎）

本書は生活学の先駆者として生涯を貫いた著者最晩年の貴重な話――「塩の道」「日本人と食べ物」「暮らしの形と美」の三点を収録。独自の史観が随所に読みとれ、宮本民俗学の体系を知る格好の手引書。 電 P

文化人類学・民俗学

1085
仏教民俗学
山折哲雄著

日本の仏教と民俗は不即不離の関係にある。日本人の生活習慣や行事、民俗信仰などを考察しながら、民衆に育まれてきた日本仏教の独自性と日本文化の特徴を説く。仏教と民俗の接点に日本人の心を見いだす書。

1104
民俗学の旅
宮本常一著（解説・神崎宣武）

著者の身内に深く刻まれた幼少時の生活体験と故郷の風光、そして柳田國男や渋沢敬三ら優れた師友の回想など生涯にわたり歩きつづけた一民俗学徒の実践的踏査の書。宮本民俗学を育んだ庶民文化探求の旅の記録。

1115
憑霊《ひょうれい》信仰論
小松和彦著（解説・佐々木宏幹）

日本人の心の奥底に潜む神と人と妖怪の宇宙。闇の歴史の中にうごめく妖怪や邪神たち。人間のもつ邪悪な精神領域へ踏みこみ、憑霊という宗教現象の概念と行為の体系を介して民衆の精神構造＝宇宙観を明示する。

1378
蛇　日本の蛇信仰
吉野裕子著（解説・村上光彦）

古代日本人の蛇への強烈な信仰を解き明かす。注連縄・鏡餅・案山子は蛇の象徴物。日本各地の祭祀と伝承に鋭利なメスを入れ、洗練と象徴の中にその跡を隠し永続する蛇信仰の実態を、大胆かつ明晰に論証する。

1545
アマテラスの誕生
筑紫申真著（解説・青木周平）

皇祖神は持統天皇をモデルに創出された！　壬申の乱を契機に登場する伊勢神宮とアマテラス。天皇制の宗教的背景となる両者の生成過程を、民俗学と日本神話研究の成果を用いダイナミックに描き出す意欲作。

1611
性の民俗誌
池田弥三郎著

民俗学的な見地からたどり返す、日本人の性。一夜妻、一時女郎、女のよばい等、全国には特色ある性風俗が伝わってきた。これらを軸とし、民謡や古今の文献に拠りつつ、日本人の性への意識と習俗の伝統を探る。

文化人類学・民俗学

1830
小松和彦著
日本妖怪異聞録
妖怪は山ではなく、人間の心の中に棲息している。滅ぼされた民と神が、鬼になった。酒呑童子、妖狐、天狗、魔王・崇徳上皇、鬼女、大嶽丸、つくも神……。日本文化史の裏で蠢いた魔物たちに託された闇とは？ 電

1887
吉野裕子著
山の神 易・五行と日本の原始蛇信仰
蛇と猪。なぜ山の神はふたつの異なる神格を持つのか？ 神島の「ゲーターサイ」、熊野・八木山の「笑い祭り」などの祭りや習俗を渉猟し、山の神にこめられた意味と様々な要素が絡み合う日本の精神風土を読み解く。電P

1957
波平恵美子著
ケガレ
日本人の民間信仰に深く浸透していた「不浄」の観念とは？ 死＝黒不浄、出産・月経＝赤不浄、罪や病等、さまざまな民俗事例に現れたケガレ観念の諸相を丹念に追い、信仰行為の背後にあるものを解明する。電P

1985
B・マリノフスキ著／増田義郎訳（解説・中沢新一）
西太平洋の遠洋航海者 メラネシアのニュー・ギニア諸島における、住民たちの事業と冒険の報告
物々交換とはまったく異なる原理でうごく未開社会のクラ交易。それは魔術であり、芸術であり、人生の冒険である。原始経済の意味を問い直し、「贈与する人」の知恵を探求する人類学の記念碑的名著！ 電P

2047・2048
J・G・フレーザー著／吉岡晶子訳／M・ダグラス監修／S・マコーマック編集
図説 金枝篇（上）（下）
イタリアのネミ村の「祭司殺し」と「聖なる樹」の謎を解明すべく四十年を費して著された全十三巻のエッセンス。民族学の必読書であり、難解さでも知られるこの書を、二人の人類学者が編集した［図説・簡約版］。

2123
岡田 哲著
明治洋食事始め とんかつの誕生
明治維新は「料理維新」！ 牛鍋、あんパン、ライスカレー、コロッケ、そして、とんかつはいかにして生まれたのか？ 日本が欧米の食文化を受容し、「洋食」が成立するまでの近代食卓六〇年の疾風怒濤を活写。電P

《講談社学術文庫 既刊より》

文化人類学・民俗学

2254
梅棹忠夫著（解説・原　武史）
日本探検
知の巨人は、それまでの探検で培った巨視的手法で己れの生まれた「日本」を対象化し、分析する。「文明の生態史観序説」と『知的生産の技術』の間に書かれ、梅棹学の転換点となった「幻の主著」がついに文庫化！
電 P

2283
柳田國男著（解説・中沢新一）
地名の研究
諸外国とくらべて地名が膨大な国、日本。有名な「大きな地名」よりも、小字などの「小さな地名」に着目した柳田の真意とは。利用地名、占有地名、分割地名それぞれの特徴とは。地名学の源流となった名著。
電 P

2307
小松和彦著（解説・高田　衛）
妖怪学新考
妖怪からみる日本人の心
山に、辻に、空き地に、ビルの隙間や、あなたの「うしろ」にも――人あるところ、妖怪あり。人びとの不安や恐れが生み出す「妖怪」を通して日本人の精神構造と、その向こう側にある「闇」の領域を問いなおす。
電 P

2314
森枝卓士著
カレーライスと日本人
インド生まれのカレーが、いまや日本の食卓の王座についているのはなぜか？　カレー粉のルーツをイギリスに探り、明治以来の洋食史を渉猟し、「カレーとは何か」を丹念に探った名著。著者による補筆を収録。
電 P

2316
眞念著／稲田道彦訳注
四國《しこく》徧禮《へんろ》道指南《みちしるべ》
全訳注
貞享四年（一六八七）刊の最古のお遍路ガイドが現代によみがえる！　旅の準備、道順、宿、見所……。江戸期の大ロングセラーは情報満載。さらに現代語訳と詳細地図を付して時を超える巡礼へと、いざ旅立とう。
電 P

2342
松前　健著
日本の神々
イザナギ、イザナミ、アマテラス、そしてスサノヲ。歴史学と民族学・比較神話学の二潮流をふまえ、神々の素朴な「原像」が宮廷神話へと統合される過程を追い、信仰や祭祀の形成と古代国家成立の実像に迫る。
電 P